Sabores da França

Uma Jornada Culinária Além da Torre Eiffel

Sophie Martin

Índice

Hachis Parmentier

HÁ MUITOS, MUITOS ANOS, tive a sorte de ter Daniel Boulud, um chef de Lyon que viveu na cidade de Nova York, preparando uma refeição especialmente para mim e meu marido. Foi luxuoso e, no final, depois de agradecer infinitamente a Daniel, perguntei o que ele iria jantar. "Hachis Parmentier", disse ele com o tipo de prazer antecipado normalmente visto apenas em crianças que foram informadas de que podem tomar sorvete. Tínhamos acabado de comer lagosta e trufas, mas Daniel estava prestes a comer a versão francesa da torta de pastor, e dava para perceber que ele iria adorar.

Hachis Parmentier é uma torta de carne e purê de batata bem temperada, normalmente feita com sobras de um jantar de carne cozida, como o pot-au-feu. Se sobrar carne e caldo de qualquer coisa que você fez, vá em frente e use. Ou, se quiser abreviar o processo, faça Quick Hachis Parmentier; veja Bonne Idée. Mas se você começar do zero e fizer seu próprio caldo, e adicionar uma saborosa linguiça (não totalmente tradicional), terá o tipo de hachis Parmentier que faria as delícias até de Daniel Boulud.

Você pode usar chuck, como faria para um ensopado, mas um dia meu açougueiro nos Estados Unidos sugeriu que eu usasse bife em cubos, um corte com o qual nunca havia cozinhado. É um corte barato, fino e amaciado (sua superfície é marcada, quase como se tivesse passado por um moedor) que cozinha rapidamente e funciona perfeitamente aqui. Se usar, basta cortar em pedaços de 5 cm antes de ferver; se usar outro tipo de carne, corte-a em pedaços menores e cozinhe por mais 30 minutos.

PARA A CARNE E O CALDO

1	bife em cubos ou mandril de carne desossada (veja acima), cortado em pedaços pequenos
1	cebola pequena, fatiada
1	cenoura pequena, aparada, descascada e cortada em pedaços de 2,5 cm de comprimento
1	talo de aipo pequeno, aparado e cortado em pedaços de 2,5 cm de comprimento

2	dentes de alho amassados e descascados
2	Raminhos de salsa
1	folha de louro
1	colher de chá de sal
¼	colher de chá de pimenta preta
6	copos de água
½	cubo de caldo de carne (opcional)

PARA O RECHEIO

1½	colheres de sopa de azeite
½	linguiça de libra, doce ou picante, removida das tripas, se necessário
1	colher de chá de extrato de tomate

Sal e pimenta moída na hora

PARA A COBERTURA

2	libras de batatas Idaho (russet), descascadas e cortadas em quartos
½	xícara de leite integral
¼	xícara de creme de leite
3	colheres de sopa de manteiga sem sal, em temperatura ambiente, mais 1 colher de sopa de manteiga cortada em pedaços

Sal e pimenta moída na hora

½	xícara de Gruyère, Comté ou Emmenthal ralado
2	colheres de sopa de parmesão ralado na hora (opcional)

PARA FAZER A CARNE: Coloque todos os ingredientes, exceto o cubo de caldo, em um forno holandês ou panela de sopa e leve para ferver, retirando a espuma e os sólidos que borbulham na superfície. Abaixe o fogo e cozinhe suavemente por 1 hora e meia. O caldo terá um sabor suave, e isso é bom para este prato, mas se quiser incrementá-lo, você pode adicionar meio cubo de caldo - experimente o caldo no meio do caminho e decida.

Escorra a carne, reservando o caldo. Transfira a carne para uma tábua e descarte os legumes ou, se ainda sobrar sabor, guarde-os para o recheio. Tradicionalmente, o hachis Parmentier não contém vegetais, mas isso não deve impedi-lo de salvar e usar os vegetais. Coe o caldo.

(A carne e o caldo podem ser preparados com até 1 dia de antecedência, cobertos e refrigerados.)

Usando uma faca de chef, corte a carne em pedaços minúsculos. Você poderia fazer isso em um processador de alimentos, mas a textura do seu hachis Parmentier ficará mais interessante se você picar à mão, um trabalho fácil e rápido.

PARA FAZER O RECHEIO: Unte com manteiga uma caçarola de 2 litros para ir ao forno - um prato fundo de torta Pyrex tem o tamanho certo para isso.

Coloque uma frigideira grande em fogo médio e despeje o azeite. Quando estiver bem quente, acrescente a linguiça e cozinhe, desfazendo os torrões de carne, até que a linguiça fique rosada. Adicione a carne picada e a pasta de tomate e mexa para misturar tudo bem. Junte 1 xícara de caldo e deixe ferver. Você quer ter caldo de carne suficiente na panela para umedecer o recheio e borbulhar suavemente onde quer que haja espaço; se você acha que precisa de mais (um pouquinho a mais é melhor do que pouco), adicione agora. Tempere com sal e pimenta, principalmente pimenta. Se você guardou algum vegetal do caldo, corte-o em cubinhos e misture-o ao recheio antes de colocá-lo na caçarola. Raspe o recheio na caçarola e cubra levemente; reserve enquanto prepara as batatas. (Você pode preparar o prato até este ponto com algumas horas de antecedência; cubra a caçarola com papel alumínio e leve à geladeira.)

PARA FAZER A COBERTURA: Prepare um espremedor de batatas ou um moinho de alimentos (primeiras escolhas), um espremedor ou um garfo.

Coloque as batatas em uma panela grande com água fria generosamente salgada e deixe ferver. Cozinhe até que as batatas estejam macias o suficiente para serem facilmente perfuradas com a ponta de uma faca, cerca de 20 minutos; escorra-os bem.

Enquanto isso, centralize uma gradinha no forno e pré-aqueça o forno a 400 graus F. Forre uma assadeira com papel alumínio ou uma esteira de silicone (você a usará como coletor de gotas).

Aqueça o leite e as natas.

Passe as batatas pelo espremedor ou moinho de alimentos e coloque-as em uma tigela ou amasse-as bem. Usando uma colher de pau ou uma espátula resistente, misture o leite e as natas e, em seguida, misture as 3 colheres de sopa de manteiga. Tempere a gosto com sal e pimenta.

Espalhe as batatas sobre o recheio, espalhando-as uniformemente e certificando-se de que chegam às bordas da caçarola. Polvilhe o Gruyère, Comté ou Emmenthal ralado por cima da torta, polvilhe com o parmesão (se for usar) e espalhe sobre os pedacinhos de manteiga. Coloque o prato na assadeira forrada.

Asse por 30 minutos ou até que o recheio borbulhe continuamente e as batatas desenvolvam uma crosta marrom dourada (a melhor parte). Servir.

FAZ 4 PORÇÕES GENEROSAS

SERVINDO
Traga os hachis Parmentier para a mesa e distribua porções ali. O prato nada mais precisa do que uma salada verde para ser uma refeição completa e muito satisfatória.

ARMAZENAMENTO
É fácil fazer esse prato em etapas: a carne e o caldo podem ser preparados com um dia de antecedência e guardados tampados na geladeira, e o recheio pode ser preparado com algumas horas de antecedência e guardado tampado na geladeira. Você pode até montar a torta inteira com antecedência e mantê-la gelada por algumas horas antes de assá-la (diretamente da geladeira se sua caçarola aguentar a mudança de temperatura) - claro, você terá que assá-la um pouco mais. Se sobrar sobras, você pode reaquecê-las em um forno a 350 graus F.

BONNE IDÉE
Rápido Hachis Parmentier. Você pode fazer um hachis Parmentier muito bom usando carne moída e caldo de carne comprado em loja. Use 1 quilo de carne moída em vez do bife e, ao adicioná-lo à salsicha

na frigideira, pense em adicionar um pouco de salsa fresca picada e talvez um pouco de tomilho fresco picado. Você também pode refogar 1 ou 2 dentes de alho picados, partidos e sem gérmen, no azeite antes de a linguiça ir para a frigideira. (As ervas e o alho ajudam a imitar os aromas do caldo.) Umedeça o recheio com o caldo e pronto.

Salada de Carne do Dia Seguinte

COZINHO HÁ DÉCADAS, mas cada vez que faço algo delicioso com as sobras, fico tão orgulhoso quanto um novato na cozinha. Fiquei particularmente orgulhoso desta salada de carne na primeira vez que a preparei. Na verdade, fiquei tão feliz que agora saio e compro as "sobras" para poder preparar para o almoço ou para um jantar informal.

As sobras originais da carne vieram de um boeuf à la ficelle de sábado à noite para uma multidão. Canalizando minha dona de casa francesa interior - meus amigos franceses nunca, jamais deixariam um pedaço de qualquer coisa boa definhar, estragar ou ser jogado fora - e vasculhando as prateleiras da geladeira e a cesta de legumes no balcão, descobri que tinha uma infinidade de produtos feitos -coisas para salada ao meu alcance. O desafio era não adicionar tantos a ponto de o prato perder a integridade, perigo na hora de varrer a geladeira.

No final, minha salada incluía azeitonas verdes (parte dos petiscos antes do jantar de sábado), pepinos (um alimento básico na geladeira para mim), alcaparras, tomates, pimentão, pimenta, cebola, maçã e um molho de maionese (comprada em loja). e mostarda. Servido com rúcula, foi uma ótima refeição de um prato.

Estou lhe dando uma receita "real" para esta salada, mas você deve tratá-la como uma base para riffs, que é o que eu faço. Dependendo do que tiver em mãos, você pode adicionar cubos de Gruyère, mussarela ou Gouda; cubra com pedaços de parmesão; misture estragão fresco picado, manjericão, cebolinha e/ou alho picado; ou misture batatas cozidas picadas ou até mesmo ovos cozidos. E fique à vontade para aumentar a quantidade de azeitonas, pular as alcaparras ou brincar de qualquer outra forma para fazer a sua própria salada e ajudar a esgotar os petiscos guardados na geladeira.

6	**colheres de sopa de maionese caseira ([>]) ou comprado em loja**
1½	**colheres de sopa de mostarda granulada, de preferência francesa**
1½	**colheres de chá de mostarda Dijon (opcional)**

	Cerca de 1 quilo de carne cozida, rosbife ou sobras de Boeuf a la Ficelle ([>]), cortado em cubos pequenos (½ a ¾ polegada)
1-2	cebolinhas, aparadas, cortadas ao meio no sentido do comprimento e picadas finamente, ou 2–4 cebolinhas, apenas as partes brancas e verdes claras, em fatias finas
20	azeitonas verdes (eu gosto de Picholine), sem caroço e cortadas em lascas
10-15	cornichons, escorridos e em fatias finas
10	tomate uva, fatiado
1	pimentão vermelho, sem caroço, sem sementes e picado finamente
1-2	pimentão vermelho, sem sementes e fatiado finamente (você pode usar pimentão em conserva, se quiser)
1	maçã azeda, descascada ou não, sem caroço e cortada em cubos
1-1½	colheres de sopa de alcaparras escorridas
	Sal e pimenta preta moída na hora
	Rúcula, espinafre ou salada mista, para servir
	Azeite, para as verduras (opcional)

Em uma tigela pequena, misture a maionese e a mostarda granulada. Prove o molho e, se achar que quer um pouco mais de calor, misture a mostarda Dijon.

Misture todos os ingredientes restantes, exceto o sal e a pimenta, em uma tigela grande e mexa para misturar. Espalhe o molho sobre a salada e, com uma espátula de borracha, mexa bem. Tempere generosamente com sal e pimenta.

Forre uma tigela ou prato com a rúcula ou outras verduras (não há necessidade de temperá-las, embora você possa misturá-las com um pouco de azeite, se quiser) e coloque a salada de carne por cima.

FAZ 4 PORÇÕES

SERVINDO

A salada só precisa de um pedaço de pão, mas servir um pouco de queijo macio como acompanhamento - uma coisa nada francesa de se fazer - é um toque agradável.

ARMAZENAMENTO
Coma e divirta-se.

---

cebolinhas

Parecendo cebolinhas gordas e às vezes comercializadas como cebolinhas do Texas ou para salada, as cebolinhas são brancas com caules verdes longos e grossos (parecidos com a cebolinha). Podem ter uma casca que precisa ser descascada e, dependendo da idade e da variedade, serão suaves ou fortes, embora nunca tão fortes quanto as cebolas, que é um dos motivos pelos quais gosto de usá-los. Outra é a sua textura – mais firme que a cebolinha, mais macia que a cebola e, portanto, muito boa crua.

Embora seja apenas o bulbo da cebola que é usado na maioria das receitas, você pode cortar as partes verdes claras dos talos em saladas ou usar as partes mais escuras para adicionar mais sabor às sopas - basta jogar os talos na panela do jeito que você faria. alho-poró.

Se você não conseguir cebolinhas, substitua por cebolas brancas ou, para saladas, cebolinhas ou cebolas doces como Vidalia, Maui ou Texas Sweets.

Ensopado de vitela verde como a primavera

DEVO A INSPIRAÇÃO PARA ESTE GUISADO à minha amiga íntima Martine Collet, que foi a primeira a fazer uma versão dele para mim. É intrigante pelo uso ousado de vegetais folhosos e ervas: uma combinação de rúcula, espinafre, salsa, endro e estragão.

Os ingredientes para este guisado estão disponíveis durante todo o ano, mas o prato é verdadeiramente pensado para a primavera, a melhor época para a vitela e a altura em que a cor vibrante e o profundo sabor vegetal do guisado combinam com a paisagem. Dito isto, seria muito bom trazer isso para a mesa no auge do inverno, quando todos nós precisamos ser lembrados de que a primavera chegará – eventualmente.

Uma palavra sobre o crème fraîche: é bom ter a espessura e a capacidade de aquecimento sem preocupações do crème fraîche neste prato, mas você pode substituí-lo por creme de leite mais fácil de encontrar (nesse caso, você pode querer ser generoso com o suco de limão, para dar ao prato o sabor que ele precisa) ou mesmo creme de leite. Se estiver usando creme de leite, tome cuidado para não deixar ferver - muito calor e o creme de leite (ao contrário do crème fraîche) se separará.

3   libras de vitela para ensopado, cortada em cubos de 5 cm
2   xícaras de caldo de galinha
2   copos de água
3   cenouras, aparadas, descascadas e cortadas em quartos
2   talos de aipo, aparados, descascados e cortados em quartos
1   cebola, esquartejada
3   dentes de alho amassados e descascados
2   raminhos de tomilho
1   folha de louro

    Copos de sal e pimenta branca moída na hora embalados com folhas de rúcula

2½ xícaras embaladas com folhas de rúcula
2   xícaras embaladas com folhas de espinafre
1   xícara de folhas pequenas de endro fresco

½   xícara de folhas frescas de salsa
¼   xícara de folhas frescas de estragão
     Pouco ¾ xícara de crème fraîche, caseiro ([>]) ou
     comprado em loja (veja acima)
1-2   colheres de sopa de suco de limão fresco

Leve uma panela grande com água para ferver. Coloque os cubos de vitela e ferva por apenas 1 minuto para livrar a carne das impurezas que mais tarde podem turvar o molho. Escorra e enxágue a carne.

Em um forno holandês ou outra caçarola grande com tampa bem justa, misture o caldo, a água, a cenoura, o aipo, a cebola, o alho, o tomilho e o louro. Tempere a mistura com sal e pimenta branca e leve para ferver. Junte a vitela e leve o caldo para ferver novamente, depois tampe a panela (se a tampa estiver um pouco trêmula, feche a panela com papel alumínio e cubra com a tampa) e abaixe o fogo para ferver suavemente. Cozinhe a vitela por 1 hora e meia. (Você pode preparar o prato até este ponto e, depois de esfriar, leve à geladeira por algumas horas ou durante a noite; reaqueça delicadamente até que a carne esteja bem aquecida antes de continuar.)

Transfira a carne para uma tigela, tampe e mantenha quente enquanto prepara o molho.

Retire os legumes e ervas do caldo (você pode pescá-los com uma escumadeira ou coar o caldo e colocá-lo de volta na panela) e descarte-os. Leve o caldo para ferver e deixe ferver até reduzir para cerca de 1½ xícara.

Misture todas as verduras e ervas frescas e cozinhe por 1 minuto. Bata a mistura usando um liquidificador portátil, um liquidificador comum ou um processador de alimentos; se necessário, coloque o molho de volta na panela. Junte o crème fraîche e 1 colher de sopa de suco de limão. Prove o molho, acrescente mais suco de limão, se desejar, e tempere conforme necessário com sal e pimenta branca.

Volte a colocar a carne na panela, mexa bem e aqueça tudo delicadamente antes de servir.

FAZ 6 PORÇÕES

SERVINDO

Martine costuma servir a vitela com batatas simples cozidas no vapor - um acompanhamento ideal - mas também fica boa com arroz ou macarrão. Qualquer coisa que beneficie de um pouco de molho será bem-vinda neste prato.

ARMAZENAMENTO

Embora você possa cozinhar a vitela no caldo com até um dia de antecedência, depois de fazer o molho, você deve levar o prato à mesa.

Vitela Marengo

HOJE EM DIA É NATURAL CHAMAR algo de clássico que é fácil esquecer os pratos que, tendo realmente resistido ao passar do tempo, não só merecem o título, mas podem até defini-lo. Um desses pratos é a vitela Marengo. Encontrado em cardápios de toda a França, foi feito pela primeira vez em 1800 pelo chef de Napoleão Bonaparte em homenagem ao sucesso do general na Batalha de Marengo, travada contra os austríacos em solo italiano. Alguns acreditam que o prato foi criado com os ingredientes que estavam à mão, o que é plausível, pois, sem a guarnição de cogumelos, cebolas pequenas e batatas com salsinha, os ingredientes são básicos: cubos de vitela, tomate, cebola e vinho branco.

Esta versão de vitela Marengo vem do Le Cordon Bleu de Paris e, especificamente, do caderno da minha amiga Alice Vasseur, que estudou lá quando tinha apenas oito anos. E, sim, as crianças cozinharam com vinho.

PARA A VITELA

Farinha multiuso, para dragagem

Sal e pimenta moída na hora

1¾	**libras de ombro de vitela desossada, cortada em cubos de 5 cm**
2	**colheres de sopa de óleo suave (como semente de uva ou canola)**
2	**colheres de sopa de manteiga sem sal**
1	**cebola média picada grosseiramente**
¾	**xícara de tomates enlatados em cubos escorridos (ou tomates frescos descascados, sem sementes e picados)**
2	**colheres de sopa de pasta de tomate**
¾	**xícara de vinho branco seco**
	Um bouquet garni – 2 raminhos de tomilho, 2 raminhos de salsa, 1 raminho de alecrim e 1 folha de louro, amarrados em um pedaço de pano de algodão umedecido

PARA OS VEGETAIS

Cerca de 3 colheres de sopa de manteiga sem sal

12 **cipollina ou pequenas cebolas brancas ferventes**

Sal e pimenta moída na hora

1 **copo de água**

8 **cogumelos brancos, apenas tampas, limpos e cortados ao meio**

8 **batatinhas, descascadas ou não**

Salsa fresca picada, para enfeitar

Centralize uma gradinha no forno e pré-aqueça o forno a 325 graus F. Tenha à mão uma frigideira grande para ir ao forno com tampa. Corte um círculo de papel manteiga grande o suficiente para cobrir a panela.

Tempere um pouco de farinha com sal e pimenta. Seque os cubos de vitela entre folhas de papel toalha e passe a vitela pela farinha, cobrindo todos os lados e batendo para sacudir o excesso.

Coloque a frigideira em fogo médio-alto e acrescente o azeite. Quando estiver quente, coloque alguns cubos de vitela - você não quer entupir a panela, então pode ser necessário cozinhar a vitela aos poucos. Cozinhe os cubos até dourar por todos os lados e depois transfira-os para um prato.

Descarte o óleo que sobrar na panela, leve-a novamente ao fogo médio e acrescente a manteiga. Quando derreter, acrescente a cebola e cozinhe, mexendo, até amolecer, cerca de 5 minutos. Junte os tomates, a pasta de tomate, o vinho e o bouquet garni. Adicione a vitela e mexa bem, mexendo os pedaços que possam ter grudado na panela, e deixe ferver. Prove o sal e pimenta.

Cubra a panela com o círculo de pergaminho (isso evitará que os líquidos evaporem) e a tampa e leve ao forno. Cozinhe por 30 minutos, sem mexer.

ENQUANTO, FAÇA OS VEGETAIS: Derreta 1 colher de sopa de manteiga em uma panela pequena. Misture as cebolas e vire-as na manteiga até ficarem brilhantes. Tempere com sal e pimenta, despeje a água e deixe ferver. Abaixe o fogo para ferver e cozinhe as cebolas até ficarem macias o suficiente para serem furadas com a ponta de uma faca, momento em que a água deverá ter evaporado. Se a cebola estiver cozida e ainda tiver água na panela, ferva-a. Reserve as cebolas glaceadas.

Derreta 1 colher de sopa de manteiga em uma frigideira pequena em fogo médio. Adicione os cogumelos, tempere com sal e pimenta e cozinhe, mexendo, até amolecerem, cerca de 5 minutos. Se a panela secar, adicione um pouco mais de manteiga. Reserve os cogumelos.

Coloque uma panela com água salgada para ferver para as batatas.

Retire a frigideira de vitela do forno. Para fazer a vitela Marengo à maneira tradicional, transfira os cubos de vitela para uma tigela, cubra e mantenha-os aquecidos. Retire e descarte o bouquet garni e depois coe o molho; descarte a cebola picada. (Se não quiser se preocupar com esta etapa, você pode ignorá-la.) Retorne a vitela à panela, caso a tenha removido, e adicione as cebolas glaceadas e os cogumelos. Leve o molho para ferver em fogo baixo (você não terá muito molho, mas tudo bem), tampe a panela e deixe o prato borbulhar suavemente por cerca de 10 minutos enquanto você cozinha as batatas.

Coloque as batatas na água fervente e cozinhe até conseguir furá-las facilmente com a ponta de uma faca, cerca de 10 minutos; seque bem.

Coloque a panela de batata de volta em fogo baixo e adicione 1 colher de sopa de manteiga restante. Quando a manteiga derreter, coloque as batatas de volta na panela - seja gentil com elas agora que estão cozidas - e vire-as na manteiga até que estejam revestidas. Se necessário, adicione um pouco mais de manteiga.

Coloque a vitela, a cebola e os cogumelos no centro de uma travessa aquecida ou em quatro pratos, coloque as batatas cozidas e finalize com uma rajada de salsa picada, dando a maior parte da salsa às batatas.

FAZ 4 PORÇÕES

SERVINDO
Embora muitas vezes eu arrume pratos individuais na cozinha, gosto de servir este prato em estilo familiar, trazendo-o para a mesa em uma

travessa grande com a vitela de um lado e as batatas com salsinha do outro.

ARMAZENAMENTO
Você pode preparar o prato com um dia de antecedência. Reaqueça em uma frigideira coberta em fogo baixo – é bom fazer isso com um círculo de pergaminho no lugar. No entanto, é melhor ferver e untar as batatas com manteiga antes de servir.

Costeletas de Vitela com Manteiga de Alecrim

AS COSTELAS DE VITELA SÃO TÃO CARAS NA FRANÇA quanto na América, mas aqui está o bom: você não precisa fazer muito para torná-las ótimas. Na verdade, com costeletas de vitela, o ditado menos é mais é o que se segue. Para este prato, um dos meus preferidos por ser rápido e fácil, as costeletas são assadas na frigideira, temperadas com uma mistura de vinho branco e caldo de galinha e cobertas com um pacotinho de manteiga de alecrim preparada com antecedência.

Há apenas uma ressalva sobre cozinhar vitela: não cozinhe demais. É delicado e se cozinhar demais a textura ficará muito firme. Comece com as costeletas em temperatura ambiente, e elas precisarão de apenas cerca de 2 minutos de cada lado para ficarem perfeitas.

ESTEJA PREPARADO: Faça a manteiga de alecrim e tempere as costeletas com um dia de antecedência, e ambas terão mais sabor. Apenas certifique-se de tirar as costeletas da geladeira pelo menos 1 hora antes de cozinhá-las.

PARA A MANTEIGA DE ALECRIM

4	colheres de sopa (½ palito) de manteiga sem sal, em temperatura ambiente
1	colher de chá de alecrim fresco picado
½	colher de chá de tomilho fresco picado

Pitada generosa de sal

PARA AS CHOPAS

4	costeletas de costela de vitela, cada uma com cerca de 300 gramas e 2,5 centímetros de espessura, em temperatura ambiente
3-4	colheres de sopa de azeite extra-virgem
1	colher de chá de roseira fresca picada, mais 1 raminho de alecrim

¾ colher de chá de tomilho fresco picado

Sal e pimenta moída na hora

1 dente de alho grande amassado (não há necessidade de descascar)

3 colheres de sopa de vinho branco seco

3 colheres de sopa de caldo de galinha (você pode fazer isso com um cubo de caldo)

PARA FAZER A MANTEIGA DE ALECRIM: Com uma espátula de borracha, bata a manteiga em uma tigela pequena até ficar lisa e bem cremosa. Junte o alecrim, o tomilho e o sal e coloque a manteiga sobre um pedaço de filme plástico. Use o plástico para moldar a manteiga em um tronco com cerca de 2,5 centímetros de diâmetro. Embrulhe bem o tronco e leve à geladeira por pelo menos 2 horas. (Embalada hermeticamente, a manteiga pode ser refrigerada por 1 semana ou congelada por até 3 meses.)

PARA FAZER AS CHOPS: Coloque as costeletas numa assadeira grande (uma forma de pirex é perfeita), regue com 1 a 2 colheres de sopa de azeite, polvilhe com o alecrim picado e o tomilho e tempere com sal e pimenta. Esfregue o óleo e os temperos em ambos os lados das costeletas. (Você pode temperar as costeletas com até 1 dia de antecedência; tampe e guarde na geladeira. Deixe descansar por 1 hora em temperatura ambiente antes de cozinhar.)

Coloque uma frigideira grande e pesada em fogo médio-alto, despeje 2 colheres de sopa de azeite, adicione o raminho de alecrim e o alho amassado e cozinhe, mexendo, até que o alho esteja perfumado, mas não dourado, cerca de 2 minutos. Retire e descarte o alecrim e o alho e aumente o fogo. Coloque as costeletas na panela e cozinhe por 2 minutos ou até que a parte inferior das costeletas esteja dourada. Vire e cozinhe por mais 2 minutos (ou até que um termômetro de leitura instantânea inserido no centro de uma costeleta indique 130 graus F). Transfira as costeletas para uma travessa quente e cubra-as com uma tenda de papel alumínio.

Despeje a gordura restante na frigideira e leve-a ao fogo médio-alto. Adicione o vinho e cozinhe, mexendo para raspar os pedaços dourados que grudaram no fundo da panela, até restarem apenas 2 colheres de chá, cerca de 30 segundos. Adicione o caldo de galinha e cozinhe até ter cerca de 2 colheres de sopa de líquido na frigideira, cerca de 30 segundos. Retire do fogo e regue as costeletas com o molho.

Divida a manteiga de alecrim em 4 pedaços e cubra cada costeleta com um tapinha; sirva imediatamente.

FAZ 4 PORÇÕES

SERVINDO
Você nunca pode errar ao servir uma costeleta de vitela com batatas - é uma combinação clássica - mas, para variar, experimente as costeletas com purê de raiz de aipo ([>]).

ARMAZENAMENTO
A manteiga pode ser preparada com antecedência e refrigerada por 1 semana ou congelada por até 3 meses, e as costeletas podem ser temperadas com até 1 dia de antecedência e guardadas na geladeira.

VEAL CHOPS WITH ROSEMARY BUTTER (PAGE 000) AND GO-WITH-EVERYTHING CELERY ROOT PUREE (PAGE 000)

Os franceses comem da mesma forma que a maioria dos europeus: de forma eficiente, com uma marcada economia de movimento. Na América, cortamos os alimentos com um garfo na mão esquerda e uma faca na direita, depois pousamos a faca, transferimos o garfo para a mão direita, colocamos a mão esquerda no colo e direcionamos o garfo para a boca. É um balé complicado no qual nunca pensamos depois de aprendermos os passos. Os franceses cortam a comida com um garfo na mão esquerda e uma faca na direita, depois comem a comida com o garfo, raramente abrindo mão da faca. Ainda é um balé; só que os franceses dançam o movimento allegro.

E quando a faca e o garfo são pousados, eles são dispostos como uma linguagem de sinais: deixando a faca e o garfo separados, a faca do lado direito do prato, o garfo do lado esquerdo, prontos para serem pegos e usados, diz , "Ainda estou comendo", enquanto junta a faca e o garfo, de modo que fiquem paralelos um ao outro, diz: "Terminei".

Já que estamos à mesa, aqui vai outra pequena diferença: os franceses mantêm as duas mãos na mesa o tempo todo. Cotovelos são permitidos entre os cursos e entre bons amigos, mas não importa onde e com quem, você assume uma posição de jogo de pôquer, mantendo ambas as mãos do meio do antebraço à vista o tempo todo. Não tenho certeza sobre a origem do costume – pode ter tido a ver com confiança, ou falta dela, em uma época anterior – mas agora que me acostumei, gosto dele.

Com as duas mãos prontas, é fácil entrar em uma conversa animada, mais fácil ainda levar a mão aos lábios, fazer um pequeno gesto de beijo e elogiar o cozinheiro por um prato bem feito.

Osso Buco à l'Arman

OS ITALIANOS DEVEM NOMEAR ESTE PRATO, mas isso não significa que os franceses não o preparem regularmente e o façam por conta própria. Osso buco, que significa "osso com buraco", é o coração deste prato e também lhe dá nome. Corte transversalmente de uma perna de vitela, fatias grossas de ossobuco são redondas, com pepitas de carne ao redor do buraco central, que é preenchido com tutano - e precioso.

Um prato delicadamente refogado, o ossobuco costuma ser finalizado no último minuto com uma chuva de gremolata, tradicionalmente uma mistura de alho, raspas de limão e salsa. Nesta versão, receita que me foi dada pelo falecido artista francês Arman, a vitela, cozida em molho de laranja e tomate, é servida com arroz por baixo e nada por cima. No entanto, tomando licença artística (algo que tenho certeza que Arman teria me concedido), cubro a vitela com uma gremolata que imita os temperos do prato - raspas de laranja, alho e manjericão picado (ver Bonne Idée). Como você só vai usar as raspas, pense em fazer uma Salada de Laranja e Azeitona ([>]) com a fruta.

Uma palavra sobre a vitela: como a carne ao redor do osso não forma uma peça sólida - os nuggets, rodeados por tecido conjuntivo, pressionam-se uns contra os outros como peças de um quebra-cabeça - é melhor amarrar barbante de cozinha ao redor da circunferência de cada um. fatia para mantê-lo bem no lugar durante o cozimento. Se você comprar pernil de vitela de um açougueiro, é provável que ele empate sem que você precise pedir.

Se quiser servir 6, adicione mais 2 pedaços de ossobuco sem fazer nenhum outro ajuste na receita - o molho delicioso será suficiente para todos.

4 laranjas de umbigo, enxaguadas e secas
2 copos de água

   Cerca de ⅓ xícara de azeite

2 cebolas médias, picadas grosseiramente
2 dentes de alho esmagados e descascados

1 colher de sopa de tomilho fresco picado (Arman usou 2 colheres de chá secas)

1 colher de sopa de manjericão fresco picado (Arman usou 2 colheres de chá secas)

2 colheres de chá de ervas da Provença

1 Lata de 28 onças de tomate inteiro em purê de tomate

5 tomates médios, fatiados

2 cubos de caldo de frango, dissolvidos em ¼ xícara de água fervente

Sal e pimenta moída na hora

4 pernas de vitela, serradas em comprimentos de 5 a 7 centímetros (osso buco)

4 cenouras grandes, aparadas, descascadas e em fatias finas

Retire as raspas das laranjas com um descascador de legumes, tomando cuidado para não deixar cair a casca branca e felpuda. Despeje a água em uma panela, coloque as raspas, leve para ferver e ferva por 5 minutos. Abaixe o fogo para que a água ferva e cozinhe por mais 5 minutos. Deixou de lado.

Coloque um forno holandês ou uma frigideira grande com tampa em fogo médio e despeje 2 colheres de sopa de azeite. Adicione a cebola, o alho e as ervas e cozinhe, mexendo, por 5 minutos, apenas para amolecer. Usando uma tesoura, enfie a mão na lata de tomates e corte-os em pedaços. Adicione os tomates frescos e enlatados, incluindo o líquido, o caldo e 2 colheres de sopa da água em que as raspas foram cozidas - guarde o restante do líquido; você precisará dele mais tarde. Deixe ferver o molho, tempere com sal e pimenta, reduza o fogo e deixe ferver suavemente enquanto doura a vitela.

Centralize uma gradinha no forno e pré-aqueça o forno a 325 graus F.

Coloque uma frigideira grande de fundo grosso em fogo médio-alto e despeje 3 colheres de sopa de azeite. Seque a vitela e tempere moderadamente com pimenta. Trabalhando aos poucos, se necessário, coloque os pedaços na assadeira e doure-os levemente dos dois lados. (Se você estiver trabalhando em lotes, provavelmente terá que adicionar mais óleo.) À medida que cada pedaço de carne estiver dourado, retire-o da frigideira com uma espátula com fenda (deixe a gordura escorrer de volta para a panela) e abaixe-o. no molho fervente.

Retire a gordura da frigideira e despeje o restante do líquido com que as raspas foram cozidas – reserve as raspas. Aumente o fogo e cozinhe por um minuto, mexendo para levantar os pedacinhos de carne que grudaram na panela, depois despeje o suco da panela no forno holandês. Adicione 8 a 10 tiras de raspas na panela (você pode guardar o resto para pilaf e gremolata; veja Bonne Idées) e, usando uma colher de pau ou espátula, misture tudo da melhor maneira possível - você não vai misturar tanto quanto chapinhando suavemente, mas tudo bem. Espalhe as cenouras sobre a vitela.

Corte um círculo de papel manteiga ou dois círculos de papel manteiga (é bom ter uma camada dupla) grandes o suficiente para caber dentro do forno holandês e coloque o papel em cima do ossobuco. Cozinhe por mais 5 minutos, depois tampe a panela e coloque-a no forno.

Refogue o ossobuco sem mexer por 2 horas, momento em que a carne deve estar macia. Retire com cuidado a tampa da panela e o papel manteiga e, com uma colher grande, retire o máximo de gordura possível da superfície do molho antes de servir.

FAZ 4 PORÇÕES

SERVINDO

Osso buco e arroz são perfeitos e tradicionais. Na Itália, o prato seria acompanhado de risoto de açafrão, mas a escolha de Arman foi o arroz cozido com raspas de laranja, e é meu acompanhamento preferido também (veja Outra Bonne Idée,[>]). Se desejar, prepare uma gremolata de laranja e manjericão (ver Bonne Idée) para polvilhar sobre o osso buco ou para levar à mesa para polvilhar individualmente.

ARMAZENAMENTO

Como a maioria dos pratos refogados, o osso buco guarda bem. Você pode preparar o prato com até 2 dias de antecedência, resfriá-lo e reaquecê-lo delicadamente em cima do fogão ou no forno a 325 graus

F. Também pode ser congelado: resfrie o prato (ou as sobras), embale hermeticamente e congele por até 2 meses.

Laranja-Manjericão Gremolata. Embora você certamente possa fazer isso com raspas frescas, é tolice não usar as raspas que você escaldou para o molho. Seque as raspas e pique finamente o suficiente para medir cerca de ¼ xícara. Misture as raspas com 1 dente de alho partido, sem germe e picado, 3 colheres de sopa de manjericão fresco picado, sal (flor de sal seria bom) e pimenta moída na hora. Você pode fazer isso cerca de uma hora antes de servir, mas mantenha-o bem coberto com filme plástico para que fique úmido.

Pilaf de arroz com laranja (ou limão). Como sobra muita raspa de laranja da vitela, costumo usar para fazer esse pilaf, mas você pode usar raspas de limão ou uma mistura de raspas de laranja e limão. Coloque uma panela média em fogo baixo e despeje 2 colheres de sopa de azeite. Quando estiver quente, junte 1 cebola picadinha e cerca de 3 colheres de sopa de raspas de laranja picadas (se usar as raspas que você cozinhou para o molho de osso buco, é só secar). Tempere com sal e pimenta moída na hora e cozinhe delicadamente, mexendo de vez em quando, por cerca de 3 minutos, ou até a cebola ficar macia e translúcida. Aumente o fogo para médio, adicione 1 xícara de arroz basmati ou outro arroz branco de grão longo e mexa até ficar coberto com óleo, cerca de 1 minuto. Despeje 2 xícaras de caldo de galinha e mexa. Leve o caldo para ferver, acrescente um pouco mais de sal e pimenta se achar necessário e mexa, depois reduza o fogo, tampe e cozinhe até que o arroz tenha absorvido todo o líquido. (O arroz basmati branco geralmente precisa de cerca de 11 minutos, mas o arroz varia, então verifique a embalagem e, o mais importante, a panela.) Retire do fogo, deixe descansar por 2 minutos e depois solte o arroz com um garfo. Se desejar, você pode adicionar um pouco de manjericão fresco picado ao arroz.

Lombo de porco com laranja fresca

COMO NÓS, OS FRANCÊS ADORAM COMBINAR lombo de porco com frutas (secas e frescas), com molhos (doces e pegajosos) e com ervas e especiarias (leves e picantes). Mas aqui está uma receita que me parece um pouco diferente. Tem um pouco de tempero – cardamomo – e tem fruta, mas a fruta é laranja, o que dá ao prato um toque leve e refrescante. Como a maioria das receitas de lombo de porco, esta é rápida o suficiente para ser preparada em um dia de semana movimentado.

4 laranjas grandes (umbigos são bons)

lombo de porco grande, cerca de 1 ½ libra, ou 2 lombos
1 menores, cada um com cerca de 12 onças, em temperatura ambiente

1 colher de sopa de manteiga sem sal e mais, se necessário

1 colher de sopa de óleo suave (como semente de uva ou canola) e mais, se necessário

Sal e pimenta moída na hora

cebola média, picada finamente, ou 4 cebolinhas, aparadas
1 e picadas finamente, ou 8 cebolinhas, apenas partes brancas e verdes claras, picadas finamente

Sementes de 4 vagens de cardamomo, esmagadas com a parte plana de uma faca

Descasque 2 laranjas até a polpa e corte entre as membranas para liberar os gomos. Corte os segmentos transversalmente ao meio. Retire as raspas das outras 2 laranjas com um zester ou descascador de vegetais, tomando cuidado para evitar a casca branca e felpuda se usar um descascador; se você removeu as raspas com um descascador, corte as tiras em fios longos e finos. Corte as raspas em pedaços de 2,5 a 5 centímetros de comprimento. Esprema o suco das 2 laranjas com casca.

Corte um lombo grande em 8 pedaços ou os menores em 4 pedaços cada. Tente deixar a espessura dos pedaços o mais uniforme possível, para que todos cozinhem no mesmo tempo. Seque as fatias entre papel toalha.

Coloque uma frigideira grande em fogo médio-alto e adicione a manteiga e o azeite. Quando a mistura estiver quente, acrescente as rodelas de porco, sem amontoar, e doure-as por 2 a 3 minutos de cada lado; tempere com sal e pimenta ao virar os pedaços. (Se colocar toda a carne de porco na frigideira a sobrecarregasse, doure os pedaços em 2 porções, adicionando mais manteiga e óleo se necessário, e depois coloque toda a carne de porco de volta na frigideira.) Adicione as raspas de laranja, o suco, a cebola e o cardamomo, tempere tudo com sal e pimenta e mexa a panela. Quando o molho formar uma pequena bolha, reduza o fogo e tampe a panela. Cozinhe a carne de porco em fogo brando por 10 minutos.

Adicione os gomos de laranja, tampe e continue cozinhando por mais 3 minutos ou até que a carne de porco esteja macia e cozida.

Retire a tampa e, se achar que o molho precisa ser cozido um pouco, transfira os gomos de porco e de laranja para uma travessa quente e ferva o molho até atingir a consistência desejada. Prove o sal e a pimenta e sirva imediatamente.

FAZ 6 PORÇÕES

SERVINDO
A carne de porco e as laranjas ficam boas com batatas ou arroz, mas ficam particularmente bem combinadas com batatas refogadas em caldo e erva-doce ([>]) ou purê de raiz de aipo ([>]).

ARMAZENAMENTO
Este prato é melhor servido assim que estiver pronto - como não tem muito molho, não esquenta muito bem. Mas qualquer sobra de carne de porco pode ser usada em sanduíches ou saladas.

Carne de porco refogada com coco e capim-limão

MARIE NAËL, RESIDENTE DE PARIS e blogueira enérgica, é uma raça rara de chef profissional – alguém que cozinha para muitos durante o dia e volta para casa para cozinhar para dois todas as noites. Conhecemo-nos num atelier de fotografia e desde então trocamos notas culinárias. Adoro como ela é imaginativa e como está disposta a ajustar clássicos, ultrapassar fronteiras culinárias e brincar na cozinha. Você pode ter uma noção do estilo dela nesta receita, que foi originalmente feita com um pedaço de javali que ela tinha no freezer. Na falta de um pedaço de javali escondido, fiz com uma bunda de porco bem mais mansa e tive a sensação de que, independentemente do corte que usasse, teria acabado com um prato vencedor. É difícil errar com um molho à base de leite de coco, cardamomo, coentro, curry e capim-limão fresco. Na verdade, é tão difícil errar que até fiz a receita com frango em vez de porco.

Na receita de Marie, uma variedade de raízes é cozida separadamente e adicionada ao guisado no último minuto. Quando tive tempo para fazer isso, fiquei encantado; quando não o fiz, coloquei ervilhas congeladas na panela no último minuto ou simplesmente deixei o refogado impecável.

2	colheres de sopa de óleo de semente de uva ou azeite
3	libras de carne de porco desossada (bumbum de porco é bom aqui), cortada em cubos de 1 a 2 polegadas e seca, em temperatura ambiente
	Sal grosso, como sel gris ou sal kosher, e pimenta moída na hora
2	colheres de chá de açafrão
1¼	colheres de chá de curry em pó (Marie sugere leve; costumo usar Madras)
	Sementes de 6 vagens de cardamomo
6	pimenta branca
6	sementes de coentro
2	tiras de raspas de limão, casca branca removida

½ talo de capim-limão, apenas a parte central macia, triturado para esmagá-lo um pouco

1 Lata de 15½ onças de leite de coco sem açúcar, bem mexido, e mais, se necessário

1½ copos de água

3 batatas pequenas, esfregadas ou descascadas e cortadas ao meio (opcional)

3 cenouras pequenas, aparadas, descascadas e cortadas ao meio (opcional)

3 cebolas pequenas cortadas ao meio (opcional)

½ pequena raiz de aipo, aparada, descascada e cortada em cubos (opcional)

1 colher de chá de mel (opcional)

Centralize uma gradinha no forno e pré-aqueça o forno a 300 graus F.

Coloque uma frigideira grande, de preferência antiaderente, em fogo alto e acrescente o azeite. Quando estiver quente, acrescente um pouco da carne de porco – não encha a panela – e cozinhe, mexendo, até que os pedaços estejam dourados por todos os lados. À medida que os pedaços estiverem prontos, retire-os da panela e coloque-os em um forno holandês ou outra panela para ensopado; Tempere levemente com sal e pimenta. Continue a dourar o restante da carne de porco.

Coloque o forno holandês em fogo médio e adicione os temperos, as raspas de limão, o capim-limão e 1 colher de chá de sal. Mexa tudo até que os temperos estejam tostados - você vai sentir o cheiro deles - e depois acrescente o leite de coco e a água. Deixe ferver, tampe bem a panela e leve ao forno.

Deixe o guisado refogar sem mexer por 30 a 40 minutos, ou até que a carne de porco esteja macia e cozida (se você planeja fazer o prato com antecedência, cozinhe a carne de porco por 15 a 20 minutos).

Enquanto o ensopado está no forno, cozinhe os legumes, se for usá-los: leve uma panela grande com água e sal para ferver e adicione as batatas, as cenouras, as cebolas e a raiz de aipo. Fique de olho na panela e retire os legumes com uma escumadeira, pois estão macios. Transfira os legumes para uma tigela e reserve até que a carne de porco esteja cozida.

Quando a carne de porco estiver pronta, leve o forno holandês ao fogo médio, acrescente os legumes, se tiver, e leve o líquido para ferver. Reduza o fogo para ferver suavemente e cozinhe apenas até que os vegetais estejam bem aquecidos. Se achar que o molho precisa, você pode adicionar um pouco mais de leite de coco mexido na panela - isso aumentará o sabor do coco do refogado e afinará o molho (que não é particularmente espesso). Prove o sal e a pimenta, acrescente uma colher de chá de mel, se desejar, e sirva.

FAZ 6 PORÇÕES

SERVINDO
Como o molho é tão bom e abundante, você vai querer algo para capturá-lo - pão é uma opção, é claro, mas arroz cozido ou macarrão com ovo também são naturais.

ARMAZENAMENTO
Como todos os ensopados, este fica muito bom no dia seguinte. Se quiser avançar, cozinhe a carne de porco um pouco menos, para não cozinhá-la demais ao reaquecê-la. Se sobrar, retire a carne de porco, aqueça o molho e, quando estiver bem quente, acrescente a carne de porco e cozinhe apenas o tempo suficiente para aquecê-la.

Porco Assado Recheado Com Acelga

EMBORA ESTE ASSADO SEJA FESTIVO O SUFICIENTE para ser servido em uma festa, é rápido e fácil para servir de jantar em uma noite movimentada de semana. O recheio é acelga salteada com cebola e alho e misturada com passas – carne de porco e frutas secas são feitas uma para a outra. E, em vez de o recheio ser trabalhado com precisão (e meticulosamente) no centro do assado, o lombo é feito na manteiga, o recheio é colocado com uma colher e o todo é amarrado com barbante de cozinha, tornando-o mais rústico, mas não menos atraente do que os assados precisamente recheados exibidos em todos os açougues franceses. Adoro a aparência deste assado, principalmente quando o recheio é feito com acelga vermelha ou arco-íris de cor viva. E é ótimo para as férias quando, num estilo nada gaulês, você pode substituir as passas por cranberries secas e servir a carne de porco com um molho grosso de cranberry.

3	grandes talos de acelga suíça
2	colheres de sopa de azeite
1	cebola pequena, finamente picada
2	dentes de alho, divididos, germes removidos e picados finamente
	Sal e pimenta moída na hora
¼	xícara de passas úmidas e carnudas, douradas ou escuras
	flocos de pimenta vermelha
½	colher de chá de pimenta preta
½	colher de chá de sementes de coentro
1	2½ libras de lombo de porco assado, em temperatura ambiente

Corte cerca de ½ polegada da parte inferior dos talos de acelga, depois corte as folhas das costelas e corte em fatias finas as costelas e os talos. Rale as folhas enrolando-as como um charuto e cortando-as transversalmente (ou pique as folhas).

Aqueça 1 colher de sopa de azeite em uma frigideira grande em fogo médio. Adicione a cebola e o alho, tempere com um pouco de sal e pimenta e cozinhe, mexendo, até a cebola ficar quase amolecida, cerca de 3 minutos. Misture metade da acelga e mexa; quando murchar o suficiente para liberar espaço na frigideira, acrescente o restante. Continue a cozinhar e mexa até a acelga ficar macia, num total de cerca de 5 minutos. Raspe a mistura para uma tigela, junte as passas e uma boa pitada de pimenta vermelha em flocos e tempere com sal e pimenta.

Centralize uma gradinha no forno e pré-aqueça o forno a 375 graus F.

Bata os grãos de pimenta e o coentro em um pilão até que quebrem (não os pulverize) ou coloque-os entre folhas de papel manteiga e amasse-os com o fundo de uma frigideira ou com a base ou as costas de uma faca de chef.

Coloque a gordura do lombo de porco voltada para cima em uma tábua de cortar. Usando uma faca longa e afiada, corte-o ao meio de um lado, sem cortar completamente; deixe cerca de ¼ polegada intacta. Abra a assadeira como um livro e coloque o recheio sobre ela. Amarre o assado de vez em quando com barbante de cozinha, enfiando o recheio que vai saindo ou feche a aba com palitos ou espetos. Esfregue a carne de porco com a restante colher de azeite, tempere com sal e espalhe os grãos de pimenta esmagados e os coentros por cima. Coloque a gordura do lombo voltada para cima em uma assadeira ou outra assadeira que seja grande o suficiente para segurá-la confortavelmente - eu uso uma frigideira de ferro fundido de 23 cm.

Asse sem mexer até que um termômetro de leitura instantânea inserido na parte grossa do lombo - não no recheio - registre 140 graus F. Como a carne de porco é tão variável, você deve começar a verificar a temperatura após 25 minutos, mas é provável que o assado precise cerca de 40 minutos no forno. Retire a assadeira do forno, cubra levemente o assado com uma tenda de papel alumínio e deixe descansar em local aquecido por 15 minutos, tempo durante o qual o assado continuará cozinhando e o suco assentará. O assado ainda estará rosado no centro (também pode ser vermelho, se você usou

acelga vermelha, mas isso é outra coisa); se não é assim que você
gosta da carne de porco, asse um pouco mais antes de descansar.

Corte o assado com um movimento cuidadoso de serra, para que o
recheio fique envolvido pela carne.

FAZ 6 PORÇÕES

SERVINDO
O assado não faz molho próprio e realmente não precisa de molho em
si, mas fica muito bom com mostarda - mostarda granulada ou com
mel, ou uma mistura de mostarda Dijon e crème fraîche.

ARMAZENAMENTO
Se sobrar assado, deixe esfriar, embrulhe bem e guarde na geladeira
por até 3 dias. Resfriado, faz ótimos sanduíches.

Porco Assado com Manga e Lichia

MEU AMIGO ALEC LOBRANO É O HOMEM a quem milhares de pessoas recorrem quando querem conselhos sobre onde comer em Paris. Autor de Hungry for Paris e colaborador de longa data da revista Gourmet, ele é o cara mais procurado na cena parisiense há mais de vinte e cinco anos. No entanto, embora Alec consiga detectar e descrever as nuances da culinária francesa, do clássico ao nouvelle, quando cozinha em casa, ele tende a servir aos amigos franceses algo de sua vida anterior na América, muitas vezes este lombo de porco doce e picante, um prato com raízes na República Dominicana.

Alec conta uma história maravilhosa sobre sua mudança para o Upper West Side de Nova York em 1977, onde dividiu um apartamento com um amigo que estava tão falido quanto ele, e descobriu um bar dominicano de bairro onde o ar-condicionado era confiável, a cerveja barata, e as boas-vindas — depois que o público se acostumou com os gringos — foram calorosas, tão calorosas que, quando chegou o Dia da Independência Dominicana, Alec foi convidado a comemorar com o dono do bar. Foi aí que teve aversão a este prato: carne de porco e manga ao molho de vinho e vinagre com soja e mel. Deve ter sido amor à primeira prova, porque desde então ele carregou consigo a memória e a receita, primeiro para Londres e depois para Paris, onde parece perfeitamente em casa.

Alec me contou que, ao recriar este assado, acrescentou as lichias, que, como ele diz, "têm a estranha diversão de substituir a gordura que falta no lombo de porco. As pessoas sempre pensam que as lichias são gordas e empurre-os para o lado, então adoro revelar o trompe l'oeil e insistir que eles experimentem pelo menos um."

1	Lombo de porco assado de 2 a 2½ libras, em temperatura ambiente
2	colheres de sopa de azeite
	Sal e pimenta moída na hora
1	cebola grande, finamente picada

5	dentes de alho, divididos, germes removidos e cortados em fatias finas
3	colheres de sopa de vinagre de vinho tinto
½	xícara de vinho branco seco
3	colheres de sopa de molho de soja
	Suco de 1 limão
3	colheres de sopa de mel
½-	colher de chá de piment d'Espelette (ver Fontes[>]) ou
1	pimenta em pó
1	folha de louro
2	raminhos de tomilho
1	manga madura, descascada, sem caroço e cortada em tiras finas
10	lichias, descascadas e sem caroço se frescas, escorridas se enlatadas

Centralize uma gradinha no forno e pré-aqueça o forno a 300 graus F.

Seque o assado com papel toalha. Coloque um forno holandês ou outra caçarola pesada em fogo médio-alto e despeje 1 colher de sopa de óleo. Quando estiver quente, coloque a gordura de porco voltada para baixo na panela e cozinhe por alguns minutos, até a gordura dourar, depois vire e doure o outro lado. Transfira o assado para um prato, tempere com sal e pimenta e descarte o azeite.

Retorne a panela ao fogão, desta vez em fogo baixo, e acrescente a colher de sopa restante de óleo. Quando estiver quente, acrescente a cebola e o alho, tempere com sal e pimenta e cozinhe, mexendo sempre, por cerca de 3 minutos ou até a cebola ficar translúcida. Aumente o fogo e despeje o vinagre – afaste-se, o cheiro de vinagre quente é muito forte. Quando o vinagre estiver quase evaporado, em questão de um ou dois minutos, coloque o vinho. Deixe o vinho borbulhar por cerca de 30 segundos e depois adicione a soja, o suco de limão e o mel. Deixe ferver, acrescente o piment d'Espelette ou a pimenta em pó, acrescente a folha de louro, o tomilho, a manga e a lichia e deixe a panela ferver por mais um minuto. Adicione a gordura do assado voltada para cima, regue com o molho, tampe a caçarola e leve ao forno.

Deixe o assado refogar suavemente por 30 minutos e, em seguida, verifique a temperatura: você está procurando que ele meça 140 graus F no centro em um termômetro de leitura instantânea. O assado provavelmente precisará de um total de 40 a 50 minutos no forno, mas é importante verificar com antecedência, pois a carne de porco varia. Retire a panela do forno, transfira o assado para uma tábua, cubra levemente com uma tenda de papel alumínio e deixe descansar por 5 a 10 minutos, tempo durante o qual continuará cozinhando (sua temperatura provavelmente subirá mais 5 graus). ou então).

Enquanto o assado descansa, experimente o molho. Se quiser concentrar ainda mais os sabores, ferva por alguns minutos. Não se esqueça de verificar o sal e a pimenta.

Fatie o assado e sirva com o molho.

FAZ DE 4 A 6 PORÇÕES

SERVINDO
Alec serve carne de porco com arroz pegajoso, mas eu também gosto com arroz pilaf com cardamomo ([>]) – o sabor cítrico do cardamomo fica muito bom com a fruta do molho – ou Pilaf de Arroz com Laranja (veja Outra Bonne Idée,[>]).

ARMAZENAMENTO
As sobras podem ser cobertas e refrigeradas durante a noite e reaquecidas delicadamente no dia seguinte, mas é provável que a carne de porco esteja um pouco cozida demais. Você pode usar a carne de porco resfriada em saladas ou deixá-la atingir a temperatura ambiente e fazer sanduíches abertos. Faça isso e você deverá reaquecer o molho e colocá-lo sobre os sanduíches. Falando em molho, fica ótimo com macarrão.

Costeletas de cola e geléia

HÁ ALGUNS ANOS, JANTEI num pequeno restaurante em Tours, no Vale do Loire, e fiquei encantado ao descobrir que o chef havia passado algum tempo em Kentucky e que, enquanto estava lá, desenvolveu um gosto por Coca-Cola. Coca-Cola e churrasco. Sendo um cara inteligente e um bom cozinheiro, ele não demorou muito para descobrir que poderia pegar sua Coca-Cola e comê-la também se a usasse para regar costelas grelhadas. A Coca-Cola (particularmente a Coca-Cola Light) é muito popular na França, e costelinhas individuais carnudas, ou travers de porc, são um corte francês familiar, geralmente servido laqueado no estilo asiático, refogado como um ensopado, ou grelhado ou glaceado no forno, como essas costelas são. Não consegui arrancar do chef a receita da costela, mas consegui inventar uma versão que acho que ele iria gostar.

ESTEJA PREPARADO: Se tiver tempo, é bom marinar as costelas por pelo menos algumas horas; se você estiver com pouco tempo, basta esfregar e pronto.

⅓   xícara de geléia de damasco
⅓   xícara de suco de laranja

Suco de 1 limão

1½   colheres de chá de cinco especiarias chinesas em pó
½   colher de chá de gengibre em pó

Sal e pimenta moída na hora

1   costelas de costela, cerca de 3 libras
1   xícara de Coca-Cola

Centralize uma gradinha no forno e pré-aqueça o forno a 350 graus F. (Ou, se você for usar duas panelas - veja abaixo - e não conseguir colocar as duas na mesma gradinha, posicione as gradinhas para dividir o forno em terços .)

Misture a geléia de damasco e o suco de laranja e aqueça por 1 minuto no forno de micro-ondas, ou aqueça em uma panela, apenas até a mistura ferver. Deixe esfriar um pouco e junte o suco de limão.

Misture o pó de cinco especiarias, o gengibre e um pouco de sal e pimenta.

Corte a costela ao meio. Trabalhando com a faca entre cada 2 ou 3 costelas, faça um corte para separá-las um pouco. (Isso ajudará a manter as costelas planas ao assá-las.) Esfregue as costelas com a mistura de temperos e depois com a geléia. (Se quiser marinar as costelas, cubra-as e leve à geladeira por algumas horas ou durante a noite.)

Se você tiver uma assadeira grande o suficiente para acomodar os dois pedaços de carne de porco, use-a; caso contrário, coloque cada pedaço em sua própria assadeira. (Eu uso assadeiras Pyrex.) Despeje algumas colheres de sopa de água ao redor das costelas e coloque-as no forno.

Asse as costeletas por 45 minutos, depois regue-as e adicione um pouco mais de água se achar que a frigideira parece seca ou se a marinada estiver grudando e escurecendo. Asse por mais 45 minutos, regando de vez em quando.

Despeje a Coca-Cola em volta das costelas e regue a cada 5 minutos ou mais por 30 minutos. (O tempo total de cozimento é de cerca de 2 horas.) Nesse ponto, as costelas estarão cozidas, suculentas e glaceadas. Se quiser que fiquem mais bem passadas ou com o esmalte mais escuro, passe as costelas por baixo da grelha para finalizá-las.

Estas ficam melhor quentes ou em temperatura ambiente, então dê-lhes um pouco de descanso depois de saírem do forno e depois corte as costelas.

FAZ 4 PORÇÕES

SERVINDO

Os franceses comiam isso com garfo e faca e habilmente tiravam até o último pedaço de carne de cada osso, mas se você não é francês ou está entre família e amigos, pode comê-los à moda antiga americana. — ou seja, com os dedos e uma pilha de guardanapos de papel prontos.

ARMAZENAMENTO

As costelas podem ser feitas com um dia de antecedência e mantidas tampadas na geladeira durante a noite. Reaqueça-os em um forno a 250 graus F antes de servir.

Navarin Printanier

Desenvolvido para ser feito com vegetais de primavera recém-escavados (essa é a parte printanier), este ensopado de cordeiro (navarin) é um clássico, um alimento básico da época da Páscoa e mais um daqueles pratos refogados lentamente que tornam a culinária francesa atemporalmente atraente. O cordeiro é dourado no fogão e depois cozido delicadamente com seus companheiros de primavera: cebola, batatinha, cenoura e nabo. Quando o molho tem uma cor de mogno polido e tanto o cordeiro quanto os vegetais estão macios, você termina o guisado com um porta-estandarte dos vegetais da primavera: ervilhas. O fato de quase todo mundo usar ervilhas congeladas é uma verdade raramente dita, mas da qual não devemos nos envergonhar. Muitos cozinheiros franceses, inclusive chefs, me disseram que nunca conseguirão ervilhas frescas tão boas, ou tão consistentemente boas, quanto as que compram congeladas, e sempre concordei com a cabeça.

Esta receita chegou até mim em quarta mão. Foi minha amiga Betty Rosbottom, autora de livros de receitas e moradora de meio período em Paris, quem me deu, explicando que o havia conseguido de sua amiga Catherine Lafarge, que implorou a receita à mãe, para que ela pudesse se manter viva. suas memórias culinárias de uma infância parisiense.

Cerca de 2 colheres de sopa de azeite

libras de ombro de cordeiro desossado, excesso de
3   gordura removido, cortado em cubos de 1½ polegada e
seco

3   colheres de sopa de farinha de trigo

Sal e pimenta moída na hora

Cerca de 4 xícaras de caldo de carne

3   colheres de sopa de pasta de tomate
3   dentes de alho médios, divididos e germes removidos
2   Raminhos de salsa
1   raminho de tomilho, só folhas, picado
1   folha de louro cortada ao meio

12	cebolas brancas pequenas, não descascadas
2	colheres de sopa de manteiga sem sal
3	cenouras médias, aparadas, descascadas e fatiadas com ½ polegada de espessura na diagonal
1	nabo médio, aparado, descascado, cortado em fatias de ½ polegada de espessura e fatias cortadas transversalmente ao meio
1	colher de sopa de açúcar
½	libra pequena pele vermelha ou Yukon

Batatas douradas, esfregadas e esquartejadas

1¼ xícaras de ervilhas congeladas frescas ou descongeladas

Coloque um forno holandês ou outra panela grande com laterais altas em fogo médio-alto e despeje 2 colheres de sopa de óleo. Quando estiver quente, adicione alguns pedaços de cordeiro - você quer ter uma única camada de cordeiro e não quer encher a panela, então faça isso em lotes. Doure a carne por todos os lados, por cerca de 5 minutos, e depois transfira para um prato. Continue até que todo o cordeiro esteja dourado, adicionando mais óleo à panela, se necessário.

Despeje o azeite e coloque a carne de volta na panela. Leve novamente a panela ao fogo médio-alto, polvilhe a carne com a farinha e tempere generosamente com sal e pimenta. Cozinhe, mexendo, por 2 minutos e, em seguida, adicione 4 xícaras de caldo, a pasta de tomate, o alho, a salsa, o tomilho e a folha de louro. Mexa bem tudo e leve o caldo para ferver. Reduza o fogo, tampe a panela e cozinhe o navarin suavemente por 45 minutos.

Enquanto isso, trabalhe nos vegetais: leve uma panela com água para ferver, coloque as cebolas e cozinhe por apenas um minuto. Escorra as cebolas, corte a raiz e as pontas do caule e retire a casca.

Coloque uma frigideira grande em fogo alto e adicione a manteiga. Quando estiver bem quente, acrescente a cebola, a cenoura e o nabo e cozinhe, mexendo, por 2 minutos. Polvilhe o açúcar sobre os vegetais e mexa por mais ou menos um minuto, depois reduza um pouco o fogo e cozinhe, mexendo sempre, até que os vegetais estejam dourados, cerca de 10 minutos - eles devem estar bem coloridos, mas não macios. Deixou de lado.

Posicione uma gradinha no terço inferior do forno e pré-aqueça o forno a 400 graus F.

Quando o cordeiro estiver cozido por 45 minutos, acrescente os legumes salteados, assim como as batatas, e cozinhe, ainda tampado, por mais 15 minutos.

Coloque a panela no forno e refogue por 30 a 40 minutos ou até que o cordeiro esteja macio.

Retire o peixe e descarte a salsa e o louro e junte as ervilhas. Se as ervilhas estiverem frescas, aguarde 3 a 4 minutos; se estiverem congelados, aguarde apenas um ou dois minutos. Prove o guisado para ver se há sal e pimenta e, se achar que o molho está muito grosso, dilua com um pouco mais de caldo.

Coloque em pratos de sopa e sirva.

FAZ 6 PORÇÕES

SERVINDO
Uma refeição completa, que realmente não precisa de nada mais do que o que está na panela. Coloque a carne, os vegetais e o lindo molho em pratos rasos de sopa. Se achar que precisa fazer alguma coisa, polvilhe cada porção com um pouco de salsa picada.

ARMAZENAMENTO
Você pode fazer o navarin, sem ervilha, com até 2 dias de antecedência e manter tampado na geladeira. Reaqueça o navarin, coberto, em forno a 350 graus F por cerca de 30 minutos, depois adicione as ervilhas e deixe cozinhar. O guisado também pode ser embalado hermeticamente e congelado por até 2 meses.

Cordeiro refogado com cardamomo e curry

SE VOCÊ TEM NEVE LÁ FORA E UM POTE deste ensopado de cordeiro refogado por dentro, você está pronto para uma noite perfeita. Cardamomo e curry, uma mistura que os franceses chamariam de à l'indienne, conferem a esse refogado um sabor profundo e o tipo de fragrância quente que atrai as pessoas para a cozinha e faz com que até os hóspedes bem comportados tenham vontade de levantar a tampa da panela e pegar um uma prévia do que tem para o jantar. Não são apenas o cardamomo e o curry que atraem, é a hortelã, o mel e os figos também. Os ingredientes são um pouco indianos e um pouco norte-africanos; a forma como o prato é feito lembra um pouco um ensopado francês e um pouco como um tagine marroquino.

1	cacho pequeno de hortelã (cerca de 6 raminhos)
	Cerca de 2 colheres de sopa de azeite
2	cebolas grandes, finamente picadas
6	dentes de alho esmagados e descascados
2½	colheres de sopa de curry em pó (eu uso Madras)
½	colher de chá de cardamomo moído
4	vagens de cardamomo esmagadas (opcional)
3	libras de ombro de cordeiro desossado, gordura removida, cortada em cubos de 2,5 cm e seca
	Sal e pimenta moída na hora
¾	copo de água
1½	colheres de chá de mel (opcional)
3	figos secos, esquartejados
3	colheres de sopa de passas douradas (opcional)
9	batatas pequenas (eu uso baby Yukon Golds), descascadas e cortadas ao meio
3	maçãs agridoces, como Gala ou Fuji, descascadas, cortadas em quartos e sem caroço

Amarre os talos de hortelã em um feixe com barbante de cozinha. Retire as folhas de hortelã (reserve os talos) e pique-as.

Coloque um forno holandês ou outra caçarola grande de fundo grosso em fogo baixo e despeje 2 colheres de sopa de azeite. Quando

estiver quente, acrescente a cebola, o alho, o curry, o cardamomo em
pó e as vagens, se for usá-los. Aqueça, mexendo sempre, até as cebolas
ficarem translúcidas e macias, cerca de 10 minutos.

Junte o borrego, aumente um pouco o lume e cozinhe, virando
sempre, até a carne ficar colorida (se a mistura parecer um pouco seca
ou se a carne grudar na panela, acrescente mais um fio de azeite).
Tempere com sal e pimenta, despeje a água, acrescente o molho de
hortelã e misture metade da hortelã picada, o mel (se for usar), os figos
e as passas, se for usar. Espalhe as batatas e as maçãs sobre a carne,
tempere com sal e pimenta e leve para ferver. Abaixe o fogo para
ferver suavemente, coloque um pedaço de papel alumínio sobre a
caçarola e cubra-a com a tampa.

Refogue por 1 hora e 15 a 30 minutos, ou até que a carne e as
batatas estejam macias o suficiente para serem facilmente perfuradas
com a ponta da faca.

Prove o molho e adicione mais sal e pimenta, se necessário.
Polvilhe com o restante da hortelã picada.

FAZ 6 PORÇÕES

SERVINDO
Como o curry de cordeiro contém batatas, ele realmente não precisa
ser servido com mais nada - pode simplesmente ser colocado em
pratos rasos de sopa e servido com uma baguete fatiada para ensopar o
molho. Porém, acho legal ter algo verde na mesa, talvez brócolis ou
ervilha, e mesmo com as batatas, gosto de colocar o ensopado em uma
cama pequena de arroz (marrom ou branco), kasha ou macarrão de
ovo. . . . Afinal, é inverno e precisamos de comida saudável para nos
manter aquecidos.

ARMAZENAMENTO
Como todos os bons ensopados, este pode ser feito com antecedência,
resfriado e guardado, coberto, na geladeira; reaquecer suavemente no
dia seguinte. As maçãs podem ficar um pouco moles, mas tudo bem –
elas deixarão o molho ainda mais saboroso. Você também pode

embalar o ensopado em um recipiente hermético e congelá-lo por até 2 meses.

Tagine de Cordeiro e Damasco Seco

Na primeira vez que fiz este tagine, cometi um erro: fiquei na cozinha enquanto ele fervia lentamente no forno, e o cheiro dos temperos - gengibre e cominho, canela, pimenta seca, coentro e açafrão - me deixou maluco. . Eu estava tão tonto, para não falar da fome, quando tirei a panela do forno que poderia muito bem ter passado o tempo girando em círculos.

A receita vem de Françoise Maloberti, uma talentosa cozinheira caseira, a quem, depois de preparada, você ficará tão grato quanto eu. Como muitos tagines marroquinos, este é aigre-doux, ou agridoce, e repleto de frutas - aqui, damascos secos carnudos. Pelas amêndoas torradas que são cozidas no tagine nos últimos minutos, e pela pimenta e pelo açafrão, o prato lembra o cuscuz, primo-irmão do tagine. Não é de estranhar que o melhor (e mais fácil) acompanhamento que se pode oferecer seja uma colher de cuscuz puro, uma massa que tem textura, sabor suave e, o mais importante, uma notável capacidade de absorver bons molhos.

Embora Françoise use tomates pelados, sem sementes e picados, costumo usar tomates enlatados em cubos, o que coloca o tagine no reino do que é fácil de fazer no inverno.

2	cubos de caldo de frango e 1¾ xícara de água fervente (o que Françoise usa) ou xícaras 1¾ de caldo de galinha
¼	libra de damascos secos úmidos e carnudos (eu uso turco)
	Cerca de 6 colheres de sopa de azeite
	Cerca de 1¾ libra de ombro de cordeiro desossado, gordura removida, cortada em cubos de 1½ polegada
	Sal e pimenta moída na hora
4	cebolas médias, picadas grosseiramente
4	dentes de alho, divididos, germes removidos e picados finamente
1	Lata de 14½ onças de tomates em cubos, escorridos ou 4 tomates médios, descascados, sem sementes e picados

$\frac{1\text{-}}{2}$ pequenas pimentas secas

1 colher de sopa de sementes de coentro, quebradas
2 pitadas de fios de açafrão
½ colher de chá de gengibre fresco ralado finamente
½ colher de chá de cominho em pó
¼ colher de chá de canela em pó

Cerca de ¼ xícara de coentro fresco picado

½ xícara de amêndoas fatiadas torradas

Cuscuz ou arroz, para servir (opcional)

Centralize uma gradinha no forno e pré-aqueça o forno a 325 graus F.

Se estiver usando cubos de caldo, coloque-os em uma tigela média e despeje sobre a água fervente; mexa para dissolver. Se estiver usando caldo de galinha, deixe ferver e despeje em uma tigela. Adicione os damascos à tigela e deixe-os de molho e encorpados enquanto prepara o resto do tagine.

Coloque a base de um tagine, uma frigideira alta ou um forno holandês em fogo médio-alto e despeje 3 colheres de sopa de óleo. Seque os pedaços de cordeiro entre papel toalha e, em seguida, coloque-os no óleo quente (não sobrecarregue a frigideira - trabalhe aos poucos, se necessário) e doure por todos os lados, por cerca de 4 minutos. Com uma escumadeira, retire a carne da panela e coloque-a em um prato. Tempere o cordeiro com sal e pimenta. Despeje a gordura da panela, deixando os pedaços que possam ter grudado.

Retorne a panela ao fogão, reduza o fogo e acrescente mais 2 colheres de sopa de azeite. Quando o azeite estiver quente, junte a cebola e o alho e cozinhe, mexendo, por cerca de 5 minutos, só para começar a amolecer. Adicione os tomates, tempere com sal e pimenta e cozinhe, mexendo sempre, por 10 minutos, acrescentando um pouco mais de azeite se necessário.

Escorra os damascos e adicione o caldo/caldo de frango à panela, junto com a(s) pimenta(s), coentro, açafrão – amasse entre os dedos enquanto polvilha – gengibre, cominho, canela e 2 colheres de sopa de coentro. Mexa para misturar e dissolver os temperos e tempere com sal e pimenta. Coloque a carne e o suco do prato sobre os legumes e cubra com os damascos. Feche a panela com papel alumínio, feche a tampa e leve ao forno.

Asse o tagine por 1 hora. Levante cuidadosamente a tampa e o papel alumínio e espalhe as amêndoas sobre a carne. Tampe novamente a panela e leve ao forno o tagine por mais 15 minutos. (Às vezes eu pulo esta etapa e apenas guardo as amêndoas torradas para polvilhar sobre o tagine na hora de servir.)

Se você cozinhou o refogado em tagine, polvilhe as 2 colheres de sopa de coentro restantes sobre a carne, leve o tagine para a mesa e sirva diretamente da panela. Se você usou uma frigideira ou forno holandês, transfira o tagine para uma travessa grande e quente e polvilhe com o coentro. Sirva com cuscuz ou arroz, se quiser.

FAZ 4 PORÇÕES

SERVINDO
Embora você possa servir o tagine sozinho, seria uma pena não oferecer algo para acompanhar o molho maravilhoso. Sirvo cuscuz (cozido sem temperos em caldo de galinha ou água) ou arroz branco.

ARMAZENAMENTO
Como a maioria dos pratos refogados, este é um bom guarda-redes. Você pode fazer com um ou dois dias de antecedência e, quando esfriar, cubra bem e guarde na geladeira. Se você preparar o prato com antecedência, evite adicionar as amêndoas torradas até reaquecer o tagine para servir e espere a última camada de coentro até a hora de servir.

PEIXES E MARISCOS

Peixe e Marisco

Solha de Amêndoa Meunière[>]
Skate com alcaparras, pepinos e molho de manteiga marrom[>]
Roulades de Bacalhau e Espinafre[>]
Tamboril e Cenoura Dupla[>]
Espadarte Mediterrâneo com Salada de Ervas com Babados[>]
Salmão com Tapenade de Manjericão[>]
Salmão Assado e Lentilhas[>]
Salmão e Tomate em Papillote[>]
Atum com Crosta de Especiarias[>]
Confit de Atum com Tapenade de Azeitona Preta e Molho de Tomate[>]
Pot-au-Feu de frutos do mar[>]
Moules Marinière[>]
Mexilhões ao Curry[>]
Mexilhões e Chouriço com ou sem Massa[>]

Vieiras com Molho de Caramelo e Laranja[>]
Salada Quente de Vieiras com Milho, Nectarina e Manjericão[>]
Macarrão de Camarão e Celofane[>]
Lagosta Assada com Manteiga de Baunilha[>]

Solha de Amêndoa Meunière

ESTE PRATO É UM INVENTIVO cruzamento de dois pratos
clássicos: o linguado amandine, em que o peixe é finalizado com
amêndoas fatiadas salteadas, e o linguado meunière, em que o peixe,
muitas vezes inteiro, é salteado na manteiga dourada. Na minha
versão, uso linguado (mais fácil de encontrar aqui no mercado do que
linguado verdadeiro), cubro levemente os filés com amêndoas moídas,
refogo na manteiga tostada e sirvo com amêndoas torradas e uma
pitada de salsa (emprestada do meunière). É um casamento de
parceiros iguais e que acredito que ganharia facilmente a aprovação
familiar de ambos os lados do corredor.

Uma palavra sobre quantidade: como costumo fazer isso para
mim e para meu marido, dei a vocês uma receita que serve dois, mas é
claro que a receita pode ser multiplicada. Porém, se você tiver que
preparar os filés em lotes, é melhor cobrir levemente os filés salteados
e mantê-los no forno a 300 graus F enquanto frita o peixe restante.

⅓ xícara de amêndoas moídas

1 colher de sopa de farinha de trigo

Raspas de ½ limão

Sal e pimenta moída na hora

4 filés de linguado bebê, cerca de 3 onças cada

1 gema de ovo grande, levemente batida
Cerca de 2 colheres de sopa de manteiga fria, de
preferência com sal (você precisará de mais se estiver
cozinhando em lotes)

Fatias de limão, para servir

Amêndoas fatiadas torradas, para enfeitar

Salsa fresca picada, para enfeitar

Bata as amêndoas moídas, a farinha e as raspas e tempere a mistura
com sal e pimenta. Seque os filés de peixe e, com um pincel, cubra
levemente um lado de cada filé com um pouco de gema batida. (Eu

cubro o lado que teria pele.) Mergulhe o lado revestido de cada filé na mistura de nozes.

Coloque uma frigideira antiaderente grande em fogo médio. Adicione 1 colher de sopa de manteiga e uma pequena pitada de sal, se a manteiga não for salgada, e cozinhe a manteiga até ficar marrom clara, cerca de 3 minutos. Coloque os filés na frigideira com as nozes voltadas para baixo, sem amontoar, abaixe o fogo e cozinhe por cerca de 3 minutos, até que a cobertura fique dourada e o peixe esteja cozido na metade. Tempere o lado exposto de cada filé com sal e pimenta, coloque mais ½ colher de sopa de manteiga fria na frigideira e vire os filés com muito cuidado. Cozinhe, espalhando um pouco da manteiga dourada sobre os filés uma ou duas vezes, até que o peixe fique totalmente opaco, cerca de mais 2 minutos. Se parecer que a frigideira está seca, acrescente um pouco mais de manteiga. (Se você não conseguiu cozinhar todos os filés em uma panela, mantenha o peixe cozido aquecido enquanto refoga os filés restantes; veja a nota de cabeçalho.)

Dê a cada filé um pouco de suco de limão e espalhe sobre algumas amêndoas torradas e salsa. Coloque mais rodelas de limão na mesa para que você possa apertar mais uma ou duas vezes o peixe, se necessário.

FAZ 2 PORÇÕES

SERVINDO
O linguado fica bom com acompanhamentos simples, como batatas cozidas - passe-os em um pouco de manteiga e polvilhe com cebolinha antes de servir - espinafre cozido no vapor ([>]) ou brócolis. Costumo combinar o peixe com erva-doce refogada (ver Bonne Idée,[>]), ou por mais pouco tradicional que seja, Matafan ([>]).

ARMAZENAMENTO
Embora você possa fazer a mistura de nozes no início do dia ou mesmo no dia anterior, os filés devem ser saboreados assim que estiverem cozidos. Essas porções são pequenas, então é duvidoso que

você tenha sobras, mas se fizer isso, você ficará surpreso com o quão bom o peixe fica quando você o transforma em um sanduíche com tomate fatiado em pão branco torrado ou pão de ovo com maionese, Rouille (ver Bonne Idée,[>]), ou maionese misturada com um pouco de Sriracha.

ALMOND FLOUNDER MEUNIÈRE [PAGE 220]

Skate com alcaparras, pepinos e molho de manteiga marrom

Com o formato de um leque com babados e tufado como uma colcha, o skate parece um projeto de escola de arte. Em francês, o skate é chamado de rate (pronuncia-se "ray") e é, de fato, um membro da família das arraias, o que explica por que a parte comestível, a asa, tem aquele lindo formato triangular. A companhia mais comum do Skate é a manteiga preta, um nome impróprio, na verdade, já que a manteiga é cozida até ficar tostada e cheira vagamente a avelã antes de receber um pouco de vinagre e ser derramada sobre o peixe. É um prato fantástico (veja Bonne Idée), muitas vezes servido com alcaparras, e me inspirou a criar esta versão mais atrevida em que a manteiga dourada e as alcaparras se juntam aos pepinos e à mostarda.

Farinha multiuso, para dragagem

Sal e pimenta moída na hora

4   **asas de patim limpas e desossadas ou seções de asas, cerca de 6 onças cada, secas**

Cerca de 8 colheres de sopa (1 palito) de manteiga sem sal

¼   **xícara de vinagre de xerez**

1   **colher de sopa de mostarda granulada, de preferência francesa**

12   **cornichons, enxaguados e cortados em fatias finas**

1½   **colheres de sopa de alcaparras, enxaguadas**

Centralize uma gradinha no forno e pré-aqueça o forno a 200 graus F. Tenha um prato resistente ao calor à mão.

Coloque cerca de ½ xícara de farinha em um prato ou folha de papel manteiga e tempere com sal e pimenta. Passe ambos os lados das asas do patim pela farinha e retire o excesso.

Coloque uma frigideira grande de fundo grosso em fogo médio-alto e coloque 2 colheres de sopa de manteiga. Quando derreter e as bolhas se acalmarem, coloque o patim. (Se a sua frigideira não conseguir segurar confortavelmente todas as asas de uma vez, faça-as em lotes.) Cozinhe as asas por cerca de 3 minutos de cada lado, adicionando um pouco mais de manteiga se necessário - as asas devem estar douradas e opacas durante todo o tempo. através. Transfira-os com cuidado para a travessa refratária, cubra-os com uma tenda de papel alumínio e mantenha-os aquecidos no forno enquanto prepara o molho.

Despeje a manteiga restante na frigideira e limpe rapidamente a frigideira com uma toalha de papel. Retorne a frigideira ao fogo médio e coloque as 6 colheres de sopa restantes de manteiga. Cozinhe a manteiga, girando a panela, até que comece a ficar marrom claro - você pode sentir o cheiro de avelãs. Adicione o vinagre e agite a panela, depois acrescente a mostarda, os pepinos e as alcaparras. Retire o patim do forno, regue com o molho e vá para a mesa.

FAZ 4 PORÇÕES

SERVINDO
É sempre bom dar ao patim um travesseiro macio para descansar: pense em purê de batata ([>]) ou purê de raiz de aipo ([>]). Escolha algo sutil e não opte por nada salgado, pois o vinagre, os pepinos e as alcaparras têm o suficiente para carregar o prato.

ARMAZENAMENTO
Coma o patim assim que estiver molho e não se preocupe com as sobras.

BONNE IDÉE
Skate escalfado e Beurre Noisette. Coloque o patim em uma frigideira alta ou em um forno holandês e cubra com água fria. Corte 2 cenouras descascadas, 1 cebola e 1 talo de aipo e coloque-os na panela, junto com alguns grãos de pimenta-do-reino, 2 folhas de louro e uma pitada de sal. Deixe ferver, abaixe o fogo e cozinhe suavemente até que a raia esteja cozida e opaca; verifique após 10 minutos. Levante cuidadosamente o patim com uma espátula em uma travessa aquecida e cubra levemente. Para fazer o molho, derreta 8 colheres de sopa (1

palito) de manteiga sem sal em uma frigideira em fogo baixo até
borbulhar e espumar e ficar com um tom marrom claro. Despeje ¼
xícara de vinagre de xerez. Agite e coloque 3 a 4 colheres de sopa de
alcaparras enxaguadas. Espalhe o molho sobre o patim e sirva
imediatamente.

Roulades de Bacalhau e Espinafre

PRATOS COMO ESTE - uma mousse de peixe leve e elegante recheada com espinafre com limão, enrolada em forma de salsicha rechonchuda e cozida no vapor - costumavam ser preparadas por chefs com altos toques brancos que trabalhavam em grandes restaurantes franceses cercados por dezenas de aprendizes, que sabiam fazer o tipo de trabalho tedioso que antes era necessário para deixar a mousse perfeitamente lisa. Agora pressionamos o botão do processador de alimentos e, em menos de cinco minutos, está pronto. . . não que você precise contar a alguém.

Eu faço estes rocamboles com bacalhau, mas pode usar qualquer peixe branco de sabor suave. Eu os recheio com uma mistura rápida de espinafre fresco (você pode usar congelado), cebola, alho e a casca de um pequeno limão em conserva, mas, novamente, você pode brincar com isso. Como a mousse é tão leve e sua textura tão macia, você não quer nada que não possa ser purificado, mas quer algo com um pouco de personalidade. Acelga, manjericão, rúcula, pimentão assado, tomate seco e até tapenade são bons pontos de partida para o recheio.

Esta receita segue o espírito dos famosos bolinhos de lúcio de Lyon, quenelles de brocket, que são escalfados e finalizados de várias maneiras: com molho Nantua, à base de bechamel; bechamel clássico; ou beurre branco. Chez moi, eu uso um molho bem fino de tomate fresco e limão, mas um fiozinho de azeite frutado ou um pouco de pesto também serve. Se você quiser algo lindo, use algumas colheres de sopa de ervilha para trair no inverno ([≥]) como molho.

PARA O MOLHO OPCIONAL DE TOMATE-LIMÃO

1	colher de sopa de manteiga sem sal
¾	libra de tomates maduros, descascados, de preferência, e sem sementes
1	dente de alho, dividido, germe removido e fatiado
	Descasque ½ limão pequeno em conserva (ver Fontes[≥]; reserve a outra metade), finamente picado

Sal e pimenta moída na hora

PARA O RECHEIO

1	colher de sopa de manteiga sem sal
1	cebola pequena, finamente picada
1	dente de alho pequeno, partido, germe removido e picado finamente
5-6	onças de espinafre bebê
1	colher de sopa de água
	Casca reservada de ½ limão pequeno em conserva, picado finamente

Sal e pimenta moída na hora

PARA AS ROULADAS

10	onças de bacalhau frio sem pele e desossado ou outro filé de peixe branco
2	claras de ovo grandes
½	xícara de creme de leite bem frio

Sal e pimenta moída na hora

Pesto de manjericão caseiro ([>]) ou comprado em loja, para servir (opcional)

Azeite extra-virgem, para servir (opcional)

PARA FAZER O MOLHO OPCIONAL: Derreta a manteiga em uma frigideira grande em fogo médio-baixo. Adicione os tomates e o alho e cozinhe, mexendo, por cerca de 8 minutos, até os tomates ficarem macios.

Coloque o molho em um processador de alimentos (um mini serve para isso) ou no liquidificador e bata até ficar tão homogêneo quanto você gostaria - pode ser um pouco grosso, se for sua preferência. Misture a casca de limão em conserva e pulse brevemente, depois tempere com sal e pimenta. (O molho pode ser feito com até 1 dia de antecedência e refrigerado.)

PARA FAZER O RECHEIO: Derreta a manteiga em uma frigideira grande em fogo médio. Junte a cebola e o alho e cozinhe, mexendo, só até amolecerem um pouco, 2 a 3 minutos. Adicione o espinafre e a água e continue cozinhando e mexendo até o espinafre murchar e amolecer, cerca de 2 minutos.

Usando uma escumadeira ou escumadeira, retire o espinafre da frigideira, deixando escorrer, e coloque-o sobre uma tábua de cortar. Pique o espinafre finamente, coloque-o em uma tigela, junte a casca de limão em conserva e tempere com sal e pimenta.

PARA FAZER OS ROULAS: Corte o bacalhau em pequenos pedaços e coloque-os num processador de alimentos, juntamente com as claras e as natas. Pulse e processe, raspando as laterais da tigela com frequência, até obter uma mousse espessa, lisa, mas muito pegajosa. Tempere com sal e muita pimenta.

Para cada rocambole, rasgue um pedaço de filme plástico com cerca de trinta centímetros de comprimento e posicione-o com o lado comprido voltado para você. Usando uma espátula de borracha, coloque um quarto da mousse de peixe no centro do plástico e espalhe-a em um retângulo de cerca de 3 × 5 polegadas (lado comprido voltado para você). Será bem fino e provavelmente não muito uniforme, mas tudo bem. Coloque um quarto do recheio de espinafre longitudinalmente no centro da mousse, formando uma faixa que preenche o terço central do retângulo. Usando o plástico para ajudá-lo, enrole o pacote em uma salsicha. Como a mousse é muito pegajosa, você provavelmente não conseguirá esconder completamente o recheio dentro da linguiça, mas tudo bem se você conseguir ver uma tira de espinafre aparecendo nas pontas da mousse. Desenhe o plástico ao redor do rocambole e aperte e torça nas pontas, como um foguete. Repita com o restante da mousse e do recheio, fazendo 4 rolinhos. (Os rocamboles podem ser feitos com até 4 horas de antecedência e refrigerados.)

Quando estiver pronto para cozinhar os rolinhos, prepare um vaporizador: coloque um pouco de água no fundo de uma panela e coloque uma gradinha ou bandeja de cozimento a vapor por cima, ou use uma panela de macarrão com encaixe e leve para ferver. Coloque o quarteto de rolinhos no vaporizador, tampe a panela e cozinhe no vapor por 10 minutos, momento em que a mousse ficará elástica ao toque.

Enquanto isso, se você fez o molho, aqueça-o em fogo brando ou no micro-ondas.

Transfira delicadamente os rolos para uma tábua (eles são bem frágeis) e use uma tesoura para cortar o plástico para que você possa retirá-lo. Com uma faca afiada e um movimento suave, corte cada rocambole diagonalmente em quartos, tomando cuidado para não cortar completamente.

Se você estiver usando o molho, coloque uma camada fina no fundo de quatro pratos de sopa rasos e quentes, espalhe suavemente os rolinhos e coloque-os por cima do molho. Se estiver usando pesto ou azeite, ventile os rolinhos e regue-os com pesto ou azeite.

FAZ 4 PORÇÕES

SERVINDO
Não costumo servir nada no mesmo prato dos rocamboles ou mesmo junto com eles. Eles são tão dramáticos que conseguem ocupar o centro do palco por conta própria.

ARMAZENAMENTO
Você pode fazer os rolinhos com algumas horas de antecedência e mantê-los refrigerados até a hora de cozinhar no vapor. As sobras de rocambole podem ser resfriadas e servidas com salada no dia seguinte.

Tamboril e Cenoura Dupla

COM SUA CARNE BRANCA TRANSLÚCIDA e textura firme, o tamboril às vezes é chamado de "lagosta do pobre". (Devido à sua dieta à base de marisco, tem até um leve sabor de lagosta.) Peixe feio, quase nunca era encontrado nos cardápios de restaurantes nos Estados Unidos e apenas raramente na França, onde os chefs, assim como os cozinheiros domésticos, podiam prepará-lo para suas famílias. mas não seus convidados. Agora, cerca de uma década depois, o tamboril, ou lotte, é tão popular que custa mais do que a lagosta!

Assim como a lagosta, a lotte leva um cozimento suave e funciona bem com vegetais e ervas. Aqui medalhões de tamboril, cortados do rabo, são salteados rapidamente e servidos com um leve molho de cenoura, acompanhamento que fica muito bom com outros tipos de peixes e mariscos, como camarões, vieiras e até filés de linguado (ver Bonne Idée).

Enquanto os chefs disputam as bochechas e o fígado do tamboril, é a cauda a parte mais carnuda e valorizada do peixe. Não deve ser cozido antes de ser esfolado e, acredite, você não quer ser o responsável pela esfola - peça ao seu peixeiro para assumir a tarefa.

PARA AS CENOURAS

1 xícara de suco de cenoura (comprado em loja está bom)
2 colheres de sopa de manteiga sem sal fria
1 colher de sopa de azeite extra-virgem
2 Ramos de alecrim
1 libra cenouras, aparadas, descascadas e cortadas em moedas de ½ polegada de espessura

Sal e pimenta moída na hora

PARA O TAMBORIL

4 fatias de bacon
1 colher de sopa de manteiga sem sal
4 medalhões de tamboril, 5–6 onças cada

Sal e pimenta moída na hora

PARA FAZER AS CENOURAS: Coloque o suco de cenoura, 1 colher de sopa de manteiga, o azeite e o alecrim em uma panela média e leve para ferver. Adicione as cenouras, tempere com sal e pimenta, tampe a panela, reduza o fogo e cozinhe em fogo brando por 10 minutos.

Retire a tampa e, ainda em fogo baixo, continue cozinhando as cenouras até ficarem macias o suficiente para serem facilmente perfuradas com a ponta de uma faca. Retire a panela do fogo. (As cenouras podem ser preparadas até este ponto com até 3 horas de antecedência, cobertas e refrigeradas.)

ENQUANTO FAÇA O TAMBORIL: Coloque o bacon em uma frigideira grande em fogo médio e cozinhe até dourar de um lado. Vire as tiras com cuidado e cozinhe até dourar do outro lado. Coloque o bacon em um prato forrado com uma camada dupla de papel toalha e retire o máximo de gordura que puder (deixe a frigideira de lado). Corte o bacon em tiras finas ou esmigalhe-o.

Retire quase 2 colheres de chá de gordura da frigideira. Adicione a manteiga e leve a frigideira ao fogo médio-alto. Quando as bolhas da manteiga derretida diminuirem, coloque os pedaços de tamboril. Cozinhe por 4 minutos, depois vire os pedaços, tempere com sal e pimenta e cozinhe por mais 4 minutos ou mais - você quer que o peixe fique dourado por fora e opaco no centro. Retire o peixe da frigideira e mantenha-o levemente coberto em local aquecido enquanto termina as cenouras (uma questão de minutos).

PARA FINALIZAR AS CENOURAS: Corte a colher de sopa restante de manteiga fria em 3 pedaços. Deixe ferver as cenouras novamente e, com uma escumadeira, transfira-as para uma tigela. Retire a panela do fogo e, um por um, acrescente os pedaços de manteiga. Prove o sal e a pimenta e retire os raminhos de alecrim.

Divida as cenouras em quatro pratos quentes. Regue com um pouco do molho, cubra as cenouras com o tamboril, regue com o restante do molho e finalize com os pedacinhos de bacon.

FAZ 4 PORÇÕES

SERVINDO

Se quiser deixar este prato ainda mais especial, comece com uma colher de Purê de Raiz de Aipo ([>]) ou purê de batata ([>]) em cada prato e, em seguida, adicione a cenoura, o tamboril, o molho e o bacon.

ARMAZENAMENTO

Você pode fazer as cenouras com algumas horas de antecedência e logo antes de servir, reaquecê-las e finalizar o molho com a última colher de manteiga.

BONNE IDÉE

Vieiras, Camarão ou Solha com Cenoura Dupla. Você pode substituir os medalhões de tamboril por vieiras - calcule 4 vieiras por pessoa e cozinhe-as por apenas 2 minutos de cada lado; com camarão gigante - cerca de 5 por pessoa - cozinhe por cerca de 2 minutos de cada lado; ou 4 filés de linguado, de 4 a 5 onças cada. Para o linguado, seque os filés, passe-os em farinha temperada com sal e pimenta e refogue até dourar dos dois lados e apenas cozidos, cerca de 3 minutos de cada lado.

Espadarte Mediterrâneo com Salada de Ervas com Babados

QUANDO OUVI A PALAVRA ESPADON ("es-pa-dahn"), pensei que era o título de um cavaleiro medieval, e acho que não estava tão longe, já que o legítimo dono do nome, o peixe-espada, pode facilmente ser considerado uma espécie de espadachim. Com certeza ele ocupa um lugar de destaque (junto com o atum) nas barracas das peixarias parisienses: é um peixe grande e muitas vezes é colocado no monte de gelo mais alto que o vendedor tem. O peixe-espada vendido em França é normalmente pescado no Mar Mediterrâneo e a sua cor é muitas vezes mais cinzenta do que a da nossa captura americana. E onde normalmente compraríamos bifes de peixe com alguns centímetros de espessura para grelhar, é mais provável que os franceses peçam uma fatia com talvez metade dessa espessura, que possa ser rapidamente cozinhada numa frigideira. (Se você quiser ser americano e grelhar um pedaço de peixe mais grosso, consulte Bonne Idée.)

Quer o seu peixe venha do Atlântico Norte ou do quente Mediterrâneo, a marinada lhe dará a fragrância e o sabor da Riviera. Uma combinação de alecrim, limão, alcaparras, pimenta e azeite, tem dupla função: umedece e dá sabor ousado ao peixe-espada, depois vira um molho, para que até a última gota de bondade seja capturada.

Embora o peixe e seu molho salgado e picante sejam bons com quase qualquer tipo de acompanhamento, desde vegetais grelhados até purê de batata, não importa o que você escolha como acompanhamento, espero que você também faça a salada de ervas - é o acabamento perfeito para o peixe. Você pode misturar as ervas enquanto o peixe marina, mas espere até o último minuto para misturar as delicadas folhas com o azeite e o suco de limão, para preservar o sabor e os babados.

ESTEJA PREPARADO:O peixe precisa marinar por uma hora.

PARA O PEIXE ESPADA

Raspas finas de 2 limões

Cerca de ¼ xícara de suco de limão fresco

1   cebola pequena, cortada em quartos e em fatias finas
2   colheres de sopa de alcaparras
4   colheres de chá de suco de alcaparra (do pote)
6   colheres de sopa de azeite extra-virgem, mais 1–2 colheres de sopa para refogar
1   colher de chá de sal marinho

Grande pitada de piment d'Espelette (ver Fontes[>]) ou flocos de pimenta vermelha

Uma pitada de açúcar

4   colheres de chá de alecrim fresco picado
4   bifes de peixe-espada, ½ a ¾ polegada de espessura, cerca de 5 onças cada

PARA A SALADA DE ERVAS

2   xícaras de folhas de salsa frescas frouxamente embaladas (de 1 cacho grande de salsa)
½   xícara de folhas de ervas frescas misturadas, frouxamente embaladas, como orégano, manjerona, estragão (só um pouco), tomilho (também só um pouco) e cerefólio (se você conseguir encontrar)
1   colher de chá de suco de limão fresco
1   colher de chá de azeite extra-virgem

Sal e pimenta moída na hora

PARA MARINAR O PEIXE ESPADA: Misture todos os ingredientes, exceto 2 colheres de chá de alecrim e o peixe-espada, em uma assadeira não reativa de 23 x 33 cm (eu uso uma torradeira Pyrex) ou coloque-os em um saco plástico enorme com zíper e agite-os. Coloque o peixe-espada na frigideira ou saco e vire-o para que fique bem revestido com a marinada. Cubra com plástico ou feche o saco e deixe marinar o peixe, virando algumas vezes, por 1 hora em temperatura ambiente. (O peixe pode marinar por até 4 horas na geladeira; leve à temperatura ambiente antes de continuar.)

PARA FAZER A SALADA: Misture todas as ervas em uma tigela. Não tempere a salada.

PARA COZINHAR O PEIXE ESPADA: Retire o peixe da marinada e raspe todos os ingredientes que grudaram no peixe de volta para a marinada; reserve a marinada. Usando toalhas de papel, seque levemente o peixe.

Em uma frigideira grande (antiaderente é boa), aqueça 1 colher de sopa de azeite em fogo alto. Quando estiver quente, coloque o peixe-espada. (Se a sua frigideira não for grande o suficiente para conter os 4 pedaços, cozinhe o peixe em 2 porções, adicionando mais óleo à panela conforme necessário.) Cozinhe por 3 minutos, depois vire o peixe com cuidado e cozinhe por 2 a 3 minutos por outro lado. Você quer que o peixe fique opaco no centro - o peixe-espada não é um daqueles peixes que são melhor servidos malpassados. Faça um pequeno corte no centro do peixe para verificar o cozimento; dependendo da espessura do peixe, pode ser necessário cozinhá-lo um pouco mais. Transfira o peixe para uma travessa e cubra-o frouxamente.

Aqueça a marinada reservada no forno de micro-ondas ou em uma panela pequena em fogo médio até ficar quente, mas não fervendo. Regue o peixe-espada e polvilhe com as restantes 2 colheres de chá de alecrim picado.

Misture a salada de ervas com o suco de limão e o azeite, tempere com sal e pimenta e cubra cada pedaço de peixe com um montinho de salada.

FAZ 4 PORÇÕES

SERVINDO
O peixe vai bem com acompanhamento de feijão verde Pancetta ([>]) ou o mais substancial Pilaf de Limão e Cevada ([>]), mas se for servir no verão, meu acompanhamento preferido é um prato do bairro do peixe, o Tomate Provençal ([>]). E, para o verão, tanto o peixe-espada como o tomate ficam excelentes à temperatura ambiente, o que os torna perfeitos para comer ao ar livre.

Você pode marinar o peixe com até 4 horas de antecedência
(mantenha-o na geladeira e deixe-o em temperatura ambiente antes de
cozinhá-lo) e também pode misturar as ervas com algumas horas de
antecedência (resfrie-as em um saco plástico) . Se quiser, você pode
até refogar o peixe com antecedência e servir em temperatura
ambiente. Se sobrar peixe, cubra bem, guarde na geladeira e use para
fazer uma salada no dia seguinte. É particularmente bom com rúcula,
cebola roxa e tomate; tempere a salada com o que sobrou da marinada,
ou suco de limão e azeite, ou, melhor opção, tapenade (caseira,[>], ou
comprado em loja) diluído com um pouco de azeite. O que poderia ser
mais mediterrâneo?

BONNE IDÉE
Espadarte Grelhado. Aqueça a churrasqueira bem alto e pincele a
grelha com óleo. Raspe a marinada do peixe, seque levemente e grelhe
por 2 minutos de um lado, depois vire com cuidado para cozinhar por
mais 2 minutos do outro. Corte o peixe para verificar se está opaco no
centro; se não estiver, cozinhe por mais um minuto ou mais até
terminar. Se você estiver usando bifes de estilo americano mais
grossos (cerca de 2,5 cm), provavelmente precisará grelhá-los por 4 a 5
minutos de cada lado - verifique na marca de 4 minutos. Sirva com a
marinada aquecida e a salada.

Uma pimenta malagueta do País Basco cujo nome é protegido por um AOC (denominação de origem controlada), o piment d'Espelette é levemente doce e levemente picante. Quando você estiver no País Basco, pode ser a única pimenta que você conseguirá.

De cafés simples a restaurantes elegantes, você encontrará pimenta moída seca em uma tigela pequena com uma colher; ocasionalmente será servido em um moinho de pimenta. E se você for a Espelette, cidade natal do pimentão, no outono, verá os pimentões secando por toda parte, pendurados nas paredes caiadas das casas. A visão parece ter sido encenada para turistas, mas o método é tão prático quanto pitoresco.

Salmão com Tapenade de Manjericão

A primeira vez que provei salmão com tapenade picante de azeitona preta, tive um daqueles momentos de aha: eles são a combinação proverbial feita no céu. Para esta receita, a tapenade serve tanto como recheio - vai para um bolso cortado no salmão - quanto como molho. Se desejar, sirva o salmão com molho de tomate e pimentão vermelho ([>]) ou até mesmo um mix de manga (veja o chatini no[>]), mas é delicioso e bastante elegante por si só.

¼ xícara de Tapenade de Azeitona Preta, caseira ([>]) ou comprado em loja

¼ xícara de manjericão fresco picado e/ou hortelã

Raspas raladas e suco de 1 limão

Pimenta moída na hora

4 pedaços de filé de salmão, cortados da porção central grossa, com pele, 5 onças cada

Sal

Cerca de ⅓ xícara de azeite

Centralize uma gradinha no forno e pré-aqueça o forno a 450 graus F. Retire uma frigideira refratária que possa conter os 4 filés de salmão ou escolha uma frigideira para usar o fogão e uma assadeira para o forno.

Em uma tigela pequena, misture a tapenade, 2 colheres de sopa de ervas e metade das raspas e do suco de limão. Tempere com pimenta – provavelmente não vai precisar de sal, pois a tapenade é salgada. Coloque uma colher generosa de tapenade e reserve para fazer o molho. Coloque a tapenade restante em um pequeno saco plástico com zíper, feche o saco e corte um pequeno canto. (A mistura de tapenade pode ser preparada com até 2 dias de antecedência e refrigerada.)

Você precisa cortar 2 bolsos para preencher com tapenade em cada filé de salmão, e os bolsos devem ficar paralelos à pele. A maneira mais fácil de fazer isso é colocar os filés em uma tábua de corte, com a pele voltada para baixo, e, usando uma faca longa ou fina, cortar o peixe para criar 2 fendas, cada uma com cerca de 2,5 cm de comprimento, de cada lado. do centro do filé. Esprema um pouco da tapenade em cada bolso, "massageando" o salmão se necessário, para que a tapenade preencha os bolsos uniformemente, mas não esguiche pelas laterais. Tempere levemente os filés com sal e pimenta.

Aqueça 2 colheres de sopa de azeite na frigideira em fogo alto. Quando estiver quente, coloque o peixe na panela, com a parte de cima voltada para baixo, e cozinhe por 2 minutos, depois vire os filés e cozinhe por mais 2 minutos - isso dará uma bela cor ao peixe. Coloque a frigideira no forno ou transfira o peixe para a assadeira e asse os filés por 6 minutos, momento em que eles ainda devem estar um pouco agitados no centro. Coloque a frigideira ou panela em local aquecido, cubra levemente os filés com papel alumínio e deixe descansar por 5 minutos.

Enquanto isso, para fazer o molho, misture 3 a 4 colheres de sopa de azeite na tapenade reservada (vai ficar parecido com um vinagrete fino com manchas de azeitona). Tempere a gosto com mais raspas e suco de limão, junte as 2 colheres de sopa de ervas restantes e finalize com sal e pimenta.

Sirva o salmão com o molho por cima.

FAZ 4 PORÇÕES

SERVINDO
Este prato fica muito bom com espinafre cozido no vapor ([>]) ou junto com feijão verde ([>]), que têm afinidade com tapenade (pense na salade Niçoise).

ARMAZENAMENTO
Embora o peixe deva ser servido assim que estiver cozido, você pode fazer a mistura de tapenade com 1 a 2 dias de antecedência e mantê-la tampada na geladeira.

O salmão joga tanto em equipe que pode ser facilmente combinado com tomates secos ao sol picados finamente ou em purê, temperados com ervas e suco de limão - faça o molho de tomate da mesma forma que faria com o molho de tapenade; ou com uma mistura de alho assado e purê de feijão branco – fica ótimo com molho de tapenade; ou com um riff da tapenade da receita, com casca de limão em conserva bem picada (ver Fontes[>]) e um pouquinho do líquido do limão em vez das raspas e suco fresco, e alecrim em vez de manjericão ou hortelã.

Salmão Assado e Lentilhas

AS LENTILHAS SÃO TÃO ESCURAS E TERRAS que você pode pensar que elas servem apenas para acompanhar carne, mas acontece que elas são um ótimo companheiro para salmão, algo que os cozinheiros de bistrô descobriram há algum tempo. A combinação de salmão rosa rico e levemente adocicado em cima das lentilhas mineralmente não é apenas satisfatória, mas também bonita. E é fácil de preparar, pois as lentilhas podem ser preparadas com antecedência e o salmão precisa de menos de um quarto de hora para assar em fogo alto. Como muitos pratos simples, este leva a ajustes, até mesmo ao luxo - já vi que ficou grandioso com a adição de trufas, que ficam maravilhosas tanto com lentilhas quanto com salmão. Embora você possa não ter um pedaço de trufa preta disponível para picar e adicionar às lentilhas ou para raspar o salmão quando ele estiver quente no forno, você pode ter uma ideia do efeito finalizando o prato com algumas gotas de muito fino. óleo de trufa. E quando digo algumas gotas, estou falando sério: com óleo de trufas, a qualidade é obrigatória e a contenção é um imperativo.

1	xícara de lentilhas du Puy (lentilhas verdes francesas)
1	dente de alho
1	cebola pequena
1	cenoura média, aparada, descascada e cortada em 4–6 pedaços
1	talo de aipo, aparado e cortado em 4–6 pedaços
1	folha de louro
3½	xícaras de caldo de galinha, caldo de legumes ou água
	Sal
1	Pedaço de filé de salmão de 1¼ libra, cortado da porção central grossa, com pele, em temperatura ambiente
	Azeite
	Pimenta moída na hora
	Salsa fresca picada e/ou cebolinha fresca picada, para enfeitar (opcional)

Coloque as lentilhas em uma peneira, retire-as e descarte quaisquer pedaços de pedra que possam ter escapado dos empacotadores; enxágue em água fria corrente.

Coloque as lentilhas em uma panela média, cubra com água fria, leve para ferver e cozinhe por 2 minutos; escorra as lentilhas na peneira. Lave as lentilhas novamente e enxágue a panela.

Pressione o cravo na cebola e coloque a cebola, a cenoura, o aipo e a folha de louro na panela. Despeje o caldo, junte as lentilhas e deixe ferver. Abaixe o fogo para ferver constante e cozinhe por 25 a 30 minutos ou até que as lentilhas estejam quase macias. Enquanto as lentilhas cozinham, retire a espuma escura que sobe até o topo. Tempere com sal e cozinhe até ficarem macios, mais 5 a 10 minutos.

Enquanto as lentilhas cozinham, centralize uma gradinha no forno e pré-aqueça o forno a 475 graus F. Forre uma assadeira com papel alumínio.

Coloque uma peneira sobre um copo medidor grande e escorra as lentilhas, reservando o caldo; reserve a panela. Escolha os legumes e descarte o cravo e a folha de louro; se quiser servir a cenoura, o aipo e a cebola com as lentilhas (sempre faço, embora sejam bem macias), corte-os em cubinhos bem pequenos. Enxágue a panela.

Coloque o salmão na assadeira forrada com papel alumínio, passe um pouco de azeite por cima e tempere com sal e pimenta. Deslize a assadeira no forno e asse o salmão por cerca de 12 minutos ou até que esteja firme por fora e ainda rosado e apenas um pouquinho agitado no centro (corte a parte mais grossa com uma faca fina para testar). Se o salmão estiver pronto antes de terminar as lentilhas, cubra-o levemente com uma tenda de papel alumínio e deixe-o descansar na bancada.

Enquanto isso, coloque ¾ xícara de lentilhas cozidas em um processador de alimentos (um miniprocessador serve) ou liquidificador e adicione ½ xícara do caldo reservado. Bata por mais ou menos um minuto, até que as lentilhas estejam reduzidas a um purê e, em seguida, raspe o purê e as lentilhas cozidas restantes de volta para a panela. Despeje mais ½ xícara de caldo, acrescente os legumes em cubos, se os guardou, e tempere com sal e pimenta conforme necessário. (Você pode fazer as lentilhas até este ponto e mantê-las cobertas em temperatura ambiente por algumas horas ou na geladeira durante a noite.)

Retorne a panela ao fogo médio e cozinhe, mexendo, apenas até que as lentilhas estejam aquecidas novamente.

Divida as lentilhas em quatro pratos de sopa rasos e quentes. Corte o salmão em 4 porções e coloque um pedaço no centro de cada prato. Regue levemente o salmão e as lentilhas com azeite, polvilhe o topo do peixe com salsa e/ou cebolinha, se desejar, e sirva imediatamente.

FAZ 4 PORÇÕES

SERVINDO
Esta é uma refeição completa – e muito boa.

ARMAZENAMENTO
Qualquer sobra de salmão ficará boa em temperatura ambiente no dia seguinte. Se sobrar lentilhas, guarde-as tampadas na geladeira e aqueça delicadamente em uma panela no fogão ou no micro-ondas; adicione um pouco do caldo reservado, se guardou, ou água na panela ou tigela.

Salmão e Tomate em Papillote

O SALMÃO, TÃO RICO NOS ÓLEOS que são bons para nós, é um candidato ideal para cozinhar en papillote, em pacotes de papel alumínio, porque esses óleos saudáveis também são úteis na culinária - eles regam o peixe enquanto ele está em sua pequena bolsa.

Costumo fazer esta receita para o almoço ou quando recebemos amigos para jantar e não tenho muito tempo para fazer compras ou preparar. Os ingredientes estão sempre disponíveis - o salmão é tão fácil de conseguir em Paris quanto em Peoria, e os tomates-uva são doces e estão à mão durante todo o ano. O tempo necessário para juntar tudo é inferior a trinta minutos (mesmo se você fizer a etapa opcional de assar os tomates na frigideira), além de poder fazer tudo com antecedência, se quiser. Os pacotes parecem presentes e ninguém sabe o que há neles até serem abertos.

Não é de surpreender que esta técnica e combinação de ingredientes funcionem bem com outros peixes – experimente com bacalhau ou robalo (escolha um corte bem grosso e o tempo de cozimento será o mesmo). Lembre-se também de que você pode facilmente aumentar ou diminuir o número de porções (às vezes faço isso só para mim). A única ressalva é que é preciso deixar espaço entre os pacotes, então se for fazer mais de quatro papillotes, arrume os extras em outra assadeira.

	Cerca de 2½ colheres de sopa de azeite extra-virgem ou mais algumas colheres a gosto
16	**tomate uva ou tomate cereja pequeno**
24	**grandes folhas frescas de manjericão**
	Sal e pimenta branca moída na hora
4	**pedaços de filés de salmão (sem pele ou não), cortados da porção central grossa, 5 onças cada**
2	**cebolinhas, aparadas e em fatias finas, ou 4 cebolinhas, apenas as partes brancas e verdes claras, em fatias finas (opcional)**
1	**limão**
4	**raminhos de tomilho ou alecrim**

Centralize uma gradinha no forno e pré-aqueça o forno a 475 graus F. Tenha uma assadeira à mão. Corte quatro quadrados de papel alumínio de 30 centímetros (gosto de usar papel alumínio antiaderente para isso).

Se quiser selar os tomates (não é necessário, mas vai intensificar o sabor), aqueça 1 colher de sopa de azeite em uma frigideira pequena em fogo médio-alto e cozinhe os tomates, virando-os conforme necessário, apenas até ficarem com a pele ficam enrugados e borbulhantes, cerca de 3 minutos. Retire do fogo.

Coloque 5 folhas de manjericão no centro de cada pedaço de papel alumínio. Polvilhe o manjericão com um pouco de sal e pimenta branca, cubra com um pedaço de salmão (se o salmão tiver pele, coloque-o com a pele voltada para baixo), regue cada pedaço com uma colher de chá de azeite e tempere o peixe com sal e branco. pimenta. Coloque os tomates de um lado do salmão e rale as raspas de limão por cima de tudo. Se estiver usando cebolinhas ou cebolinhas, espalhe-as sobre o peixe e os tomates. Dê um pouco de suco de limão ao salmão, corte 8 fatias finas de limão e coloque 2 fatias em cima de cada pedaço de peixe. Finalize com uma folha de manjericão e um raminho de tomilho ou alecrim; umedeça com azeite.

Feche os pacotes, certificando-se de que estejam herméticos e de que haja espaço entre o peixe e o topo do casulo.*(Os pacotes podem ser montados com até 6 horas de antecedência e refrigerados; retire da geladeira 30 minutos antes de assar.)*

Coloque os pacotes na assadeira, coloque o conjunto no forno e leve ao forno por 10 minutos se quiser que o peixe fique levemente agitado no centro (ótimo para salmão), ou por mais 2 minutos se quiser que o peixe fique mais bem passado.

Sirva o salmão imediatamente, em papillote ou em pratos.

FAZ 4 PORÇÕES

SERVINDO
Você pode colocar os pacotes em pratos e abri-los na mesa ou abri-los na cozinha e organizar os ingredientes nos pratos. Se você colocar o

peixe no prato, pode terminar cada prato com um pouco de manjericão fresco picado ou cebolinha fresca picada.

ARMAZENAMENTO
Você pode preparar os pacotes com até 6 horas de antecedência e refrigerá-los até 30 minutos antes da hora de assá-los. Se os pacotes ainda estiverem frios quando você estiver pronto para colocá-los no forno, acrescente um minuto ao tempo de cozimento.

Atum com Crosta de Especiarias

O BISTRO LE PRÉ VERRE DO QUARTO LATINO causou um grande impacto quando abriu com um menu construído em torno de especiarias - não apenas uma pitada disso e uma pitada daquilo, mas ousados que desempenharam o papel dramático em cada prato. Embora isto não fosse algo fora do comum para nós, americanos, que estamos habituados a alimentos incendiários de todas as partes do mundo, era uma novidade para os franceses, que normalmente mantêm a sua comida domesticada, para melhor apreciarem o vinho que a acompanha. . Felizmente, a equipe do Le Pré Verre encontrou vinhos do sudoeste da França para combinar com seus pratos, tempero com tempero, e rapidamente conquistou uma clientela cosmopolita e seguidores para o que se tornou seu prato exclusivo, o atum com crosta de especiarias.

Não sei exatamente com o que o atum de Le Pré Verre foi revisado - meu palpite é pimenta preta, verde, branca e rosa; coentro; funcho; cominho; ruivo; e talvez um pouco de pimenta Szechuan também - e a equipe não contou, mas ao longo dos anos, eu criei esta receita para minha própria versão reduzida, não tão quente, que é simples, rápida de fazer, saborosa, e perfeito com vinho tinto.

Sementes de 6 vagens de cardamomo

2 colheres de chá de pimenta branca
2 colheres de chá de sementes de coentro
4 fatias finas de gengibre fresco descascado

Sal, de preferência flor de sal

4 pedaços de atum, com cerca de ½ polegada de espessura, 5–6 onças cada

Cerca de 3 colheres de sopa de azeite extra-virgem

Fatias de limão, para servir

Se você tiver um pilão, coloque no pilão o cardamomo, a pimenta, o coentro, o gengibre e uma pitada generosa de sal e, com o pilão, bata os temperos até que fiquem grosseiramente quebrados. Você não quer pulverizá-los; parte da emoção do prato está no fato de os temperos serem discerníveis. Se você não tiver almofariz e pilão, amasse os temperos em um miniprocessador ou liquidificador, ou pique finamente o gengibre e amasse os demais temperos enrolando-os em um pano de prato e batendo-os com o fundo de uma frigideira grossa ou com o calcanhar ou parte de trás de uma faca de chef.

Esfregue o atum com um pouco de azeite. Polvilhe os temperos esmagados uniformemente em ambos os lados de cada pedaço de peixe e, em seguida, pressione-os no peixe, batendo com firmeza o suficiente para que grudem.

Coloque uma frigideira grande em fogo alto (uma frigideira antiaderente funciona bem) e despeje 2 colheres de sopa de azeite. Quando o óleo estiver quente, adicione o atum e cozinhe por 2 minutos, depois vire o peixe e cozinhe por mais 2 minutos – um terço generoso do centro do atum deve permanecer rosado. Claro, se você gosta do atum mais cozido, vá em frente e deixe cada lado um pouco mais de tempo na frigideira.

Sirva com apenas um fio de azeite e rodelas de limão para espremer.

FAZ 4 PORÇÕES

SERVINDO
Costumo regar o atum com azeite e servir com rodelas de limão, mas fica igualmente bom com uma colher de crème fraîche aquecido e fica muito bom com qualquer tipo de molho ou chutney de vegetais ou frutas tropicais. Servindo o atum com um pouco de guacamole ([>]) seria pouco ortodoxo, mas mesmo assim delicioso, especialmente no verão.

ARMAZENAMENTO
O atum fica muito bom à temperatura ambiente e, se sobrar, fica uma delícia fatiado e servido com salada verde.

Confit de Atum com Tapenade de Azeitona Preta e Molho de Tomate

GERALMENTE A PALAVRA CONFIT REFERE-SE A PATO CONFIT, prato do sudoeste da França em que as coxas de pato são salgadas e depois cozidas na própria gordura, uma forma de preservá-las e dar sabor. É uma técnica muito antiga, mas está na moda hoje em dia, especialmente nos bistrôs parisienses, onde os chefs tendem a confitar tanto peixes quanto aves apenas com o propósito de temperá-los.

Já vi chefs confitarem bacalhau e linguado, mas o prato que mais gosto é o confit de atum: uma fatia grossa de atum passa a noite num banho de azeite extra-virgem, ervas, especiarias, tomate seco, limão salgado, e alho e cebola aromáticos, depois, em verdadeiro confit, é cozido lentamente, para que no final você possa chamar sua textura de aveludada sem ser acusado de exagero. Surpreendentemente, embora o atum seja escalfado no forno em uma xícara de óleo, ele não é oleoso. Na verdade, a maior parte do azeite com que você começa vai sobrar, e você ficará feliz: é um ótimo vinagrete para uma salada, especialmente uma como a salada Niçoise.

Falando em coisas do sul da França, o confit é servido com tapenade provençal de azeitona preta e molho de tomate, que pode ser misturado rapidamente algumas horas antes do jantar. Quando você come atum, tapenade e tomate, você tem uma refeição completa, casualmente elegante e igualmente boa direto do forno, em temperatura ambiente ou gelada.

ESTEJA PREPARADO: O atum precisa marinar por pelo menos 6 horas, ou durante a noite, e depois atingir a temperatura ambiente antes de ir ao forno.

PARA O ATUM

1	Pedaço de atum de 1 quilo, com cerca de 2,5 centímetros de espessura
2	limões pequenos (ou 1 grande) em conserva (ver Fontes[>]), cortado ao meio, sem sementes e em fatias finas, mais 1 colher de sopa de líquido dos limões em conserva
6	tomates secos ao sol (secos ou embalados em óleo), cortados em tiras curtas e finas
3	dentes de alho amassados e descascados
2	cebolinhas, aparadas e em fatias finas, ou 1 cebola branca pequena, em fatias finas
1	talo de aipo, aparado e em fatias finas
3	raminhos de salsa, apenas folhas, picadas
1	raminho de tomilho, só folhas, picado
1	raminho de alecrim, apenas folhas, picado
1½	colheres de chá de flor de sal ou 1 colher de chá de sal marinho fino
½	colher de chá de flocos de pimenta vermelha ou a gosto

Raspas finamente raladas e suco de 2 limões

Cerca de 1 xícara de azeite extra-virgem

PARA A SALSA DE TOMATE

½	meio litro de tomate uva, cortado pela metade
½	pimentão vermelho, sem caroço, sem sementes e picado finamente
1	colher de sopa de limão em conserva picado
3	Pimentão Peppadew ou pimentão cereja doce em conserva, picado finamente (opcional)
1	colher de sopa de azeite extra-virgem
1½	colheres de chá de líquido dos limões em conserva

Pitada de piment d'Espelette (ver Fontes[>]) ou pimenta caiena

Flor de sal ou outro sal marinho a gosto

Tapenade de azeitona preta, caseira ([>]) ou comprado em loja, para servir

PARA FAZER O ATUM: Corte o atum ao meio, para que caiba em uma forma de pão não reativa de 9 x 5 polegadas (eu uso Pyrex). Você pode usar uma panela quadrada não reativa de 23 cm, mas dependendo do tamanho do atum, pode ser necessário usar um pouco mais de óleo para cobri-lo.

Coloque todos os ingredientes na panela, exceto o atum, o suco de limão, o líquido dos limões em conserva e o azeite e misture bem. Adicione o atum e use as mãos para revirá-lo nos temperos para que fique uniformemente revestido por todos os lados.

Bata o suco de limão, o suco de limão em conserva e 1 xícara de azeite em uma tigela e regue com o atum. Se o óleo não cobrir o atum, acrescente um pouco mais. Mexa para misturar um pouco os temperos, cubra bem a panela com filme plástico e leve à geladeira por pelo menos 6 horas, ou durante a noite.

Mais ou menos uma hora antes de cozinhar o peixe, retire-o da geladeira e deixe-o atingir a temperatura ambiente. (Você pode fazer o molho de tomate agora e mantê-lo coberto na bancada.)

Centralize uma gradinha no forno e pré-aqueça o forno a 225 graus F. Forre uma assadeira com uma esteira de silicone ou papel alumínio.

Retire o filme plástico e mexa novamente o líquido e os temperos. Coloque a assadeira na assadeira e cubra-a com uma nova folha de filme plástico (a temperatura é tão baixa que o envoltório não corre o risco de derreter) ou feche a assadeira com uma folha de papel alumínio antiaderente. (Não use papel alumínio comum, pois se entrar em contato com a marinada ácida, ficará preto e descolorirá o peixe.)

Asse lentamente o atum por 1 hora. Quando confitado, o atum fica firme, mas pode ou não ficar rosado no centro.

ENQUANTO FAÇA O SALSA DE TOMATE: Coloque todos os ingredientes em uma tigela e misture bem.*(O molho pode ser preparado com até 2 horas de antecedência e mantido coberto em temperatura ambiente.)*

SERVIR:O atum pode ser servido quente ou deixado esfriar em temperatura ambiente. Transfira cuidadosamente o atum para uma tábua. Corte em fatias longas, como você cortaria a carne, e transfira para os pratos. Coloque um pouco de limão, tomate seco e outros temperos, bem como uma ou duas colheres generosas do líquido do cozimento. Cubra com o molho e um pouco de tapenade. (Você pode passar mais na mesa.)

FAZ 4 PORÇÕES

SERVINDO

Eu sirvo isso em pratos rasos de sopa e, embora esteja bom como está, fica muito bom colocado sobre uma cama de purê de batata ([>]) ou purê de raiz de aipo ([>]).

ARMAZENAMENTO

Qualquer sobra de confit e marinada pode ser bem tapada e guardada na geladeira por até 2 dias. Sirva gelado ou em temperatura ambiente (minha preferência), ou use na Salade Niçoise ([>]).

Pot-au-Feu de frutos do mar

PENSE NISSO COMO O CLÁSSICO POT-AU-FEU'S primo mais
leve, mais brilhante e mais rápido, um prato para a primavera e o
verão. Pense nisso também como um tolo, pois por mais leve que seja
(quase não há gordura na mistura), seus sabores são profundos e
complexos, o feliz resultado de escaldar uma sucessão de ingredientes
em um caldo simples. Primeiro vêm os vegetais - batatas, cebolas,
cenouras, alho-poró, cogumelos e açúcar verde brilhante - cada um
adicionando uma camada de sabor; depois vêm os frutos do mar –
salmão, vieiras e mexilhões – cada um acrescentando um pouco de
riqueza e muito interesse.

Por ser este prato simples, relativamente rápido de preparar (o
tempo de cozimento é contado em minutos, não as horas habituais do
pot-au-feu) e invariavelmente bonito, parece um pouco uma trapaça. A
primeira vez que servi, um amigo perguntou se era tão difícil e
demorado de fazer quanto parecia. Ele pareceu um pouco desapontado
quando confessei que era realmente bastante fácil. Acho que ele queria
sentir que eu havia me preocupado um pouco mais por ele. Se sua
consciência leva o melhor sobre você e você sente que precisa se
preocupar, faça um aïoli ou pesto - ou ambos - para servir junto.

Para uma versão ainda mais leve, experimente o pot-au-feu
totalmente vegetal em[>].

3   xícaras de caldo de galinha
1   copo de água
1   folha de louro
½   colher de chá de gengibre fresco ralado ou 1 colher de chá
    de gengibre em pó
1   tirar raspas de limão

    Sal e pimenta branca moída na hora

½   libra de batatas (batatas novas ou pequenas Yukon Golds),
    esfregadas
2   cebolinhas, aparadas, ou 4 cebolinhas, apenas partes
    brancas e verdes claras
2   cenouras, aparadas e descascadas
1   alho-poró, apenas partes brancas e verdes claras
4   cogumelos, limpos e aparados

1 libra de mexilhões, esfregados e sem barba, se necessário
1 libra de filé de salmão sem pele, cortado da parte mais
   grossa do peixe
12 vieiras, músculo lateral removido
½ libra de açúcar de ervilhas
   Aïoli, caseiro (ver Bonne Idées,[>]) ou comprado em loja
   e/ou pesto, caseiro ([>]) ou comprado em loja, para servir
   (opcional)

Despeje o caldo de galinha e a água em um forno holandês ou em uma frigideira grande com tampa (costumo usar uma frigideira antiaderente em formato de wok). Misture a folha de louro, o gengibre, as raspas, um pouco de sal (comece com ½ colher de chá) e um pouco de pimenta branca. Deixe ferver, abaixe o fogo, tampe a panela e cozinhe por 5 minutos.

Você cortará os vegetais e os escaldará em sucessão, então, enquanto o caldo estiver fervendo, comece cortando as batatas novas pela metade ou cortando os Yukon Golds em cubos de cerca de 5 centímetros de cada lado. Adicione as batatas à panela, tampe e cozinhe por 5 minutos.

Enquanto isso, corte as cebolinhas ou cebolinhas ao meio no sentido do comprimento e enxágue-as para se certificar de que estão livres de sujeira, depois corte cada metade no sentido do comprimento em três (eles não vão ficar juntos, e tudo bem). Se as cenouras forem grossas, corte-as ao meio no sentido do comprimento e depois corte-as transversalmente em quartos; se forem delgados, basta cortá-los. Corte o alho-poró ao meio no sentido do comprimento, enxágue-o em água fria corrente para tirar toda a sujeira entre as camadas e, em seguida, corte cada pedaço transversalmente em quartos.

Adicione este lote de vegetais à panela, tampe e cozinhe por 5 minutos. Enquanto os vegetais cozinham, corte os cogumelos em fatias finas, misture-os e cozinhe por mais 5 minutos. Usando uma escumadeira ou escumadeira, transfira os legumes para uma tigela e tampe. (Você pode fazer o pot-au-feu até este ponto com algumas horas de antecedência. Cubra o caldo e os vegetais e leve à geladeira até que seja necessário. Quando estiver pronto para continuar, leve os vegetais à temperatura ambiente e o caldo para ferver .)

Com o caldo em fogo brando, acrescente os mexilhões. Cubra e cozinhe apenas até os mexilhões abrirem – verifique após 3 minutos. Usando uma escumadeira, transfira os mexilhões para uma tigela enquanto eles abrem. Quando os mexilhões estiverem frios o suficiente para serem manuseados, retire-os da casca e descarte-as; despeje no caldo todo o líquido que se acumulou no fundo da tigela; descarte os mexilhões que não abrirem.

Corte o salmão em 4 pedaços iguais (cortei o filé ao meio no sentido do comprimento e transversalmente, fazendo uma cruz, para que cada pedaço fique com uma secção grossa de carne). Coloque-os no caldo, tampe e cozinhe por 6 minutos. Prove o caldo e acrescente um pouco mais de sal e pimenta branca, se desejar. Adicione as vieiras à panela, seguidas dos mexilhões, das ervilhas e dos legumes reservados. Cubra e deixe tudo mais 2 a 3 minutos para aquecer.

Para servir, pesque os legumes com a escumadeira ou com a escumadeira – os mexilhões podem vir junto com os legumes. Cubra cada porção com um pedaço de salmão e 3 vieiras e regue com um pouco de caldo. Se estiver servindo aïoli e/ou pesto, você pode colocar um pouco diretamente no peixe ou misturá-lo no caldo.

FAZ 4 PORÇÕES

SERVINDO
Como se trata realmente de um ensopado, é melhor servi-lo em pratos de sopa largos e rasos. Gosto de arrumar os pratos na cozinha, mas é igualmente gostoso levar a panela para a mesa e servir de lá. Sirva com garfos, facas e colheres de sopa.

ARMAZENAMENTO
Embora você possa cozinhar os legumes com um pouco de antecedência, o prato deve ser servido assim que o peixe for escalfado. Se sobrar peixe escalfado, faça parte da salada no dia seguinte.

Durante a primeira metade da minha vida, pensei nos mexilhões como o tipo de prato que minha mãe teria me dito para evitar no primeiro encontro; agora penso neles como ótimos para encontros e jantares. Devo a virada a uma mulher de certa idade que, sem o seu conhecimento, me ensinou como transformar o trabalho reconhecidamente complicado de comer mexilhões em um ato aceitável na sociedade educada.

Estávamos num pequeno restaurante à beira-mar em Cannes, e a Sra. Mussel estava em uma mesa diretamente em nossa linha de visão. Ela estava lindamente vestida, perfeitamente penteada, recém-manicurada e era uma frequentadora assídua — dava para perceber pela maneira como foi recebida e pelo fato de que seu cupê de champanhe foi trazido para ela no instante em que ela se acomodou. Mas ela não teria chamado nossa atenção se não fosse pelos mexilhões.

Pratos de mexilhão como moules marinière ([▷]), e qualquer um de seus muitos primos, são sempre servidos com um pequeno garfo de duas pontas, para tirar o molusco da casca, e uma tigela para as cascas descartadas, que, no meu caso, sempre acaba parecendo algo que uma maré furiosa se arrastou. Isto é, até que comecei a imitar Madame, cuja tigela de descarte poderia ter sido fotografada para a capa de uma revista de culinária chique. Aqui está o que ela fez: ao terminar cada mexilhão, ela colocava a pequena extremidade da casca na boca de uma concha que já estava na tigela. E quando ela circulasse a borda, ela começaria o próximo círculo, formando as conchas em uma linha de conga em espiral que, quando ela terminasse o prato, parecia um colar de alguma ilha exótica. Fazia com que todo o ato de comer com os dedos parecesse elegante.

Claro que essa técnica só funciona se você tiver paciência, mas aqui a paciência é recompensada: o jogo da concha leva alguns segundos a mais do que apenas jogar as vazias, mas faz com que o prazer do prato dure mais.

Aqui vai mais uma dica para comer mexilhões (não tão refinado quanto o truque do colar, mas bacana à sua maneira): escolha um mexilhão pequeno como primeiro e arranque a carne com o garfo, depois retire o garfo e use a casca como pinça para o resto do prato. As conchas são tão eficientes quanto o garfo e muito mais divertidas.

Moules Marinière

SE MEXILHÕES FRESCOS SÃO FÁCEIS DE ENCONTRAR em
sua vizinhança, então moules marinière, ou mexilhões de pescador,
podem entrar direto no seu repertório de ótimos pratos que são simples
o suficiente para preparar em uma noite de semana. Depois que a
cebola e o alho estiverem picados, faltam apenas dez minutos para o
jantar e uma refeição linda - adoro a aparência de uma grande caçarola
repleta de mexilhões, pretos azulados, brilhantes e empilhados na
panela a cada nesse sentido, você vê alguns abertos e cheios de
pedaços de ervas, outros com casca e brilhando com molho -
aromáticos, saudáveis e divertidos de comer. Sempre que você fala
sobre mexilhões, você está falando sobre uma refeição com os
cotovelos na mesa e dedos bagunçados.

Neste tradicional e mais básico prato de mexilhão, a cebola e o
alho, junto com as chalotas, se tiver, são amolecidos em uma colher de
azeite antes de adicionar o vinho branco, as ervas e os mexilhões,
tampar a panela, e espere alguns minutos até que eles abram, sinal de
que terminaram. Folha de louro, salsa e tomilho são as ervas habituais,
mas no verão, quando meu jardim está florido, costumo colher
algumas folhas de verbena de limão para adicionar à mistura; no
inverno, consigo aquele toque cítrico adicionando tiras de raspas de
limão.

Confesso que uso o vinho branco que tenho em casa ou aberto na
geladeira, e o moules marinière fica sempre bom. Porém, se você
quiser que o prato fique superbom, sugiro um vinho branco suave e
não muito seco – um Riesling da Alsácia é perfeito. Além disso, não
tenho certeza do que me levou a fazer isso originalmente, mas, anos
atrás, coloquei um quarto de cubo de caldo de frango na panela; Gostei
do sabor sutil que ele adicionou e tenho feito isso desde então.

1 **colher de sopa de azeite ou manteiga sem sal**

1 **cebola média, finamente picada**

2 **chalotas, picadas finamente, enxaguadas e secas
(opcional)**

4 **dentes de alho, divididos, germes removidos e cortados em
fatias finas**

Sal e pimenta moída na hora

¾ xícara de vinho branco seco
¼ cubo de caldo de frango (opcional)
2 raminhos de tomilho
2 Raminhos de salsa
1 folha de louro
2 tiras de raspas de limão (opcional)
4 libras de mexilhões, esfregados e sem barba, se necessário

Em um grande forno holandês ou outra caçarola de fundo grosso, aqueça o óleo ou derreta a manteiga em fogo baixo. Misture a cebola, a cebolinha (se for usar) e o alho e vire até brilharem. Tempere com sal e pimenta e cozinhe, mexendo, por cerca de 3 minutos, só para amolecer a cebola. Despeje o vinho, aumente o fogo para médio, acrescente o cubo de caldo (se for usar), as ervas e as raspas (opcional) e cozinhe por 3 minutos.

Adicione os mexilhões e mexa no líquido da melhor maneira possível (se não puder, tudo bem). Aumente o fogo e deixe ferver, depois tampe a panela, ajuste o fogo para que o líquido ferva continuamente e cozinhe por 3 minutos. (Se a panela for grande o suficiente, às vezes dou uma mexida nos mexilhões durante esse tempo ou agito a panela para misturar os mexilhões, mas não é realmente necessário)

Desligue o fogo, mantenha a panela tampada e deixe os mexilhões descansar por mais um minuto (ou mais, se for preciso) para que terminem de abrir. Depois de abertos, devem ser servidos imediatamente.

FAZ 4 PORÇÕES DE PRATO PRINCIPAL OU 6 PORÇÕES INICIAIS

SERVINDO
Não espere nem um segundo para colocar isso na mesa - quanto mais quentes os mexilhões, melhor. Gosto de servi-los direto da panela, certificando-me de que a tigela de todos tenha uma pilha de mexilhões, que devem ser comidos com os dedos, e um pouco de molho, que pode ser comido com uma colher ou apenas enxugado com pão. Coloque uma tigela para as conchas vazias sobre a mesa.

ARMAZENAMENTO
Se sobrarem mexilhões, retire-os da casca, embrulhe-os bem e guarde-os tapados no frigorífico para usar numa salada no dia seguinte. Os mexilhões são um complemento clássico para uma salada de sobras de arroz misturada com ervas, vinagrete e, muitas vezes, ervilhas.

Mexilhões ao Curry

FOI FALTA DE IMAGINAÇÃO e muita falta de energia para descobrir a Taverna do Cavalo, um lugar que está em Paris há anos e por onde passei centenas de vezes sem nunca ter tido o menor interesse em entrar. 'Odèon, a poucos passos de vários cinemas e na esquina de um dos meus bistrôs favoritos, Le Comptoir, e é construído em uma rua que lhe dá um terraço envolvente (que vale mais que ouro em Paris) e muita luz. Apesar de suas vantagens, nunca me chamou. E então, uma noite, mais ou menos um dia depois de nos mudarmos para nosso novo apartamento, meu marido, meu filho e eu ainda estávamos desempacotando caixas às 23h e morrendo de fome. Sem cozinha digna de nota e sem energia suficiente para preparar um jantar, mesmo que os armários estivessem abastecidos, saímos noite adentro em busca de uma refeição simples. De repente, a Taverna, logo acima da nossa nova casa, parecia muito atraente. Ainda estava aberto, ainda serviam e havia uma mesa no terraço. Uma rápida olhada ao redor nos disse que moules-frites, ou mexilhões e batatas fritas, era a especialidade da casa e a escolha do público, então nos juntamos à multidão.

Na Horse's Tavern, as batatas fritas são servidas com maionese e os mexilhões são servidos num balde que fica pendurado na lateral da mesa. Embora seja feito para guardar vasilhames, é grande o suficiente para conter uma garrafa magnum de champanhe. Lá tudo é enorme, mas naquela primeira noite e nas noites seguintes consegui terminar a caçarola de mexilhões e encher o balde. Foi fácil: comer um mexilhão, comer uma batata frita, tomar um gole de vinho, conversar, repetir e, algum tempo depois, você se torna membro do clube do prato limpo.

Como tantos lugares na cidade que servem moules-frites, o Horse's Tavern oferece moules marinière básicos (veja[>]para a minha versão) e uma ou duas variações, incluindo aquela que se tornou minha rotina: mexilhões ao curry. À primeira vista, a ideia do curry pode parecer estranha à comida francesa, mas a mistura de especiarias tem um lugar na culinária da Bretanha, uma região portuária histórica, uma

parada na rota das especiarias e uma área que valoriza os mexilhões.
Na verdade, um dos pratos que definem a Bretanha é o mouclade, que
apresenta mexilhões em um molho espesso enriquecido com gema de
ovo e creme de curry. Este prato é mais leve que o mouclade, um
pouco mais rico que o moules marinière, e um vencedor servido com
batatas fritas ou pão, acompanhamento habitual na nossa casa.

1 colher de sopa de manteiga sem sal
1 cebola média, finamente picada
2 chalotas, finamente picadas, enxaguadas e secas
2 colheres de chá de curry em pó
1 pimenta malagueta pequena, inteira, ou uma pitada de
  pimenta vermelha em flocos

Sal e pimenta moída na hora

¾ xícara de vinho branco seco
1 Raminho de tomilho
1 raminho de salsa
1 folha de louro
4 libras de mexilhões, esfregados e sem barba, se necessário
⅔ xícara de creme de leite

Em um grande forno holandês ou outra caçarola de fundo grosso,
derreta a manteiga em fogo baixo. Junte a cebola e as chalotas e vire-
as até ficarem brilhando com manteiga. Polvilhe sobre o curry em pó,
acrescente a pimenta malagueta ou a pimenta em flocos, tempere com
sal e pimenta e cozinhe, mexendo, por cerca de 3 minutos, apenas para
amolecer a cebola e torrar o curry em pó. Despeje o vinho, aumente o
fogo para médio, acrescente o tomilho, a salsa e o louro e cozinhe por
mais 3 minutos.

Adicione os mexilhões à panela e mexa-os no líquido da melhor
maneira possível (se não puder, tudo bem). Aumente o fogo, leve o
líquido para ferver, tampe a panela e cozinhe por 3 minutos. (Se a
panela for grande o suficiente, às vezes dou uma mexida nos
mexilhões durante esse tempo, ou agito a panela para misturar os
mexilhões, mas não é realmente necessário.) Desligue o fogo,
mantenha a tampa na panela e deixe os mexilhões descansam por mais
um minuto (ou mais, se necessário) para terminarem de abrir.

Usando uma escumadeira grande, transfira os mexilhões para uma
tigela refratária. Cubra bem e guarde em local aquecido enquanto

termina o molho. Se quiser um molho mais refinado, coe o caldo, descartando os sólidos, enxágue e seque no forno holandês e coloque o molho de volta na panela - mas eu sempre prefiro o molho grosso e não refinado.

Leve o molho para ferver em fogo alto e cozinhe por 2 minutos. Despeje o creme de leite e ferva por mais 3 minutos. Prove o sal e a pimenta, coloque os mexilhões de volta na panela e mexa. Descarte a pimenta malagueta, se tiver usado. Transfira os mexilhões e o molho para uma tigela quente ou leve a panela para a mesa e sirva.

FAZ 4 PORÇÕES DE PRATO PRINCIPAL OU 6 PORÇÕES INICIAIS

SERVINDO
Os mexilhões devem estar quentes e devem ser comidos com os dedos. Pelo que eu sei, lamber os dedos é esperado e apreciado. E mergulhar, um comportamento público normalmente inaceitável, não é apenas tolerado, é apreciado, por isso certifique-se de que há bastante pão na mesa, juntamente com uma tigela para as conchas.

ARMAZENAMENTO
Não dá para ficar com este prato, mas se sobrar mexilhões, retire-os da casca, embrulhe-os bem e guarde-os tampados na geladeira para usar na salada do dia seguinte.

Mexilhões e Chouriço com ou sem Massa

O CHORIZO TEM O SEU PRÓPRIO LUGAR na linha de enchidos franceses e o seu próprio fã-clube de conhecedores gourmets franceses, que adoram o seu calor e o seu fumo, ambos protagonistas deste prato de mexilhão algo Basquaise. É ótimo servido com macarrão ou apenas com pedaços de pão para molhar o molho. De qualquer forma, é um assunto bastante complicado, mas vale a pena jogar. Se você está cobrindo o macarrão com mexilhões e lamber os dedos não é seu esporte favorito, você pode arrancar os mexilhões da casca assim que estiverem cozidos e misturá-los rapidamente com o molho de tomate antes de servir.

2   colheres de sopa de azeite extra-virgem
1   pimentão vermelho, sem caroço, sem sementes e picado finamente
1   cebola média, finamente picada
4   dentes de alho, divididos, germes removidos e picados finamente
2   raminhos de tomilho

    Sal e pimenta moída na hora

2   Latas de 14½ onças de tomate em cubos, escorrido
    Pedaço de chouriço de ½ libra (cozido), cortado
1   longitudinalmente ao meio e fatiado com ¼ a ½ polegada de espessura
4   libras de mexilhões, esfregados e sem barba, se necessário
¾   xícara de vinho branco seco
1   libra de fettuccine, recém cozido (opcional)

    Pão, para servir (opcional)

Aqueça o azeite em fogo médio em um grande forno holandês ou caçarola que contenha todos os ingredientes. Adicione o pimentão, a cebola, o alho, o tomilho, 1 colher de chá de sal e um pouco de pimenta e cozinhe, mexendo, até os vegetais ficarem macios, cerca de 5 minutos. Misture os tomates e o chouriço e cozinhe e mexa por mais 5 minutos ou até que estejam bem aquecidos.

Coloque os mexilhões na panela, despeje o vinho, aumente o fogo e mexa bem a panela. Cubra e cozinhe por mais 3 minutos. (Você pode mexer os mexilhões uma vez durante esse período ou sacudir a panela, mas não é realmente necessário.) Desligue o fogo, mantenha a panela tampada e deixe os mexilhões descansar por mais um minuto (ou mais, se necessário) então eles terminam de abrir.

Depois de abertos, os mexilhões devem ser servidos imediatamente com, se desejar, fettuccine quente ou muito pão.

FAZ 6 PORÇÕES COM MASSA OU 4 SEM

SERVINDO
Se for servir os mexilhões com o macarrão, coloque o fettuccine quente em uma tigela quente e cubra com os mexilhões e o molho. Sem macarrão, guarde os mexilhões na panela ou transfira-os para uma tigela grande e tenha bastante pão à mão. Em ambos os casos, coloque uma tigela sobre a mesa para as cascas vazias.

ARMAZENAMENTO
Se sobrar, retire os mexilhões da casca e use-os na salada no dia seguinte. As sobras de molho podem ser reaquecidas delicadamente e espalhadas sobre o macarrão, com ou sem mexilhões sem casca.

Vieiras com Molho de Caramelo e Laranja

FUI INSPIRADO PARA CRIAR ESTE PRATO depois de comer dois pratos doces e salgados em dois restaurantes chiques de Paris: o primeiro prato foi um ovo cozido com molho de xarope de bordo, servido no Arpège de Alain Passard, e o outro foi um foie gras crème brûlée idealizado por Jean-Georges Vongerichten no Market.

Esses pratos foram completamente surpreendentes, e este também. Na verdade, tudo nesta receita é inesperado, inclusive o fato de eu tê-la feito. Um molho saboroso à base de caramelo e combinado com frutos do mar parecia um pouco exigente para o meu estilo. Mas acabou sendo tão bom – e leva menos tempo para fazer do que um hambúrguer.

As vieiras são cozidas rapidamente em um pouco de azeite em fogo alto, com nada mais do que sal e pimenta. Eles são doces, firmes por fora e aveludados por dentro – perfeitos. Mas eles não são realmente o evento principal - o drama está no molho, que é levemente xaroposo, levemente agridoce (ou agridoce, aigre-doux, como dizem os franceses) e derivado de uma preparação chamada gastrique. , essencialmente uma redução de açúcar caramelizado e vinagre. Na minha versão, o molho (que leva apenas 10 minutos) pode ser feito um dia antes, e o vinagre, que daria a acidez para uma gastrique, é substituído por vinho branco e suco de laranja fresco.

2	colheres de sopa de açúcar
½	xícara de vinho branco seco
	Suco de 1 laranja grande (generoso ⅓ xícara)
1	libra de vieiras
½-1	colher de sopa de azeite
	Sal e pimenta branca moída na hora
1	colher de sopa de manteiga sem sal fria, cortada em 3 pedaços

Polvilhe o açúcar em uma panela pequena. Leve a panela ao fogo médio-alto e aqueça o açúcar até começar a derreter e colorir. Assim que você perceber que ficou marrom, comece a girar suavemente a panela. Quando o açúcar adquirir uma cor caramelo forte (você pode colocar uma gota de açúcar em um prato branco para testar a cor), cerca de 3 minutos, recue e adicione o vinho branco e o suco de laranja. Pode borbulhar e respingar, então tome cuidado. Aumente o fogo, mexa com uma colher de pau e ferva o molho até reduzir pela metade - você deve ter cerca de ⅓ xícara. Retire a panela do fogo e reserve. (Você pode fazer o molho com até 2 dias de antecedência e mantê-lo coberto na geladeira.)

Seque as vieiras entre toalhas de papel. Corte ou retire o pequeno músculo preso nas laterais das vieiras. Tenha uma travessa quente e uma pequena peneira à mão.

Leve a panela com a calda de caramelo ao fogo bem baixo para que aqueça enquanto você cozinha as vieiras.

Coloque uma frigideira de fundo grosso em fogo alto. Quando a panela estiver quente, coloque 1½ colher de chá de azeite e gire para cobrir o fundo. Adicione as vieiras, tempere com sal e pimenta branca e cozinhe, sem mexer, por 2 minutos. Vire as vieiras, tempere com sal e pimenta branca, adicione um pouco mais de óleo se necessário e cozinhe por mais 1 a 2 minutos ou até que as vieiras estejam firmes por fora e ligeiramente opacas no centro - corte uma para testar . Transfira as vieiras para a travessa.

Verifique se o molho de caramelo está quente – aqueça mais se necessário. Retire a panela do fogo e acrescente a manteiga, aos poucos, girando a panela até a manteiga derreter e o molho brilhar. Tempere o molho com sal e pimenta branca e passe pela peneira em uma molheira ou jarra.

Regue as vieiras com um pouco do molho e passe o restante à mesa.

FAZ 4 PORÇÕES

SERVINDO

As vieiras ficam bem servidas com um vegetal verde simples, como feijão verde cozido no vapor ou aspargos, e qualquer grão, mas para algo um pouco diferente, recomendo combiná-las com cenouras temperadas com cobertura de manteiga ([≥]).

ARMAZENAMENTO

Embora as vieiras devam ser consumidas assim que estiverem cozidas, o molho de caramelo pode ser mantido coberto na geladeira por até 2 dias.

BONNE IDÉE

Raspas de Laranja Cristalizadas. Se quiser enfeitar um pouco o prato, cubra as vieiras com tiras de raspas de laranja cristalizadas. Antes de espremer o suco da laranja, corte as raspas usando um raspador, um descascador de vegetais ou uma faca - evite a casca branca e felpuda. Se você não usou um zester, corte as raspas em tiras bem finas. Leve uma panela pequena com água para ferver, acrescente as raspas e ferva por 1 minuto, depois escorra em uma peneira e enxágue em água fria. Coloque ¾ xícara de água e ½ xícara de açúcar na panela e cozinhe, mexendo, até que o açúcar se dissolva e a calda ferva. Adicione as raspas, reduza o fogo ao mínimo possível e cozinhe por 15 a 20 minutos ou até que as raspas estejam macias. Na hora de servir, retire as raspas com os pauzinhos ou com uma escumadeira e espalhe sobre as vieiras com molho de caramelo.

Salada Quente de Vieiras com Milho, Nectarina e Manjericão

INCLUIR ESTA RECEITA EM UM LIVRO de receitas francesas é trapacear um pouco, porque é um prato que sirvo em Connecticut quando tudo o que o torna fabuloso - milho, tomate, manjericão e nectarinas - está mais maduro, mais doce e mais saboroso. mais abundante. Ele entrou furtivamente nesta coleção porque o coloquei em uma refeição em Paris, onde meus amigos o consideraram exótico.

Se você acha que a parte exótica é a inclusão das nectarinas com legumes e vieiras, você pensa errado. Os franceses aceitam isso com calma, especialmente desde a nouvelle cuisine da década de 1970. Não, o exótico era o nosso querido milho.

O milho não é inédito na França, mas não é tão apreciado lá como é aqui (é considerado uma boa forragem para o gado) e, quando aparece nos pratos, geralmente sai direto da lata e vai para a salada. Na verdade, quando fiz esta salada em Paris, o milho veio de lata. Escusado será dizer que não tinha o sabor, a textura ou o aroma maravilhoso do nosso maravilhoso milho, mas o prato era bom o suficiente para deixar claro que o vegetal pode ser levado a sério e, mais importante, bom o suficiente para agradar a todos ao seu redor. a mesa feliz.

PARA O VESTIDO DE LIMA

Raspas finas de 1 limão

3   **colheres de sopa de suco de limão fresco (de 2 limões)**

Pitada de sal marinho

Pitada de piment d'Espelette (ver Fontes[>]) ou pimenta em pó

3   **colheres de sopa de azeite extra-virgem**

PARA O COULIS DE MANJERICÃO

¾ xícara de folhas frescas de manjericão, frouxamente embaladas, picadas grosseiramente

¼ xícara de azeite extra-virgem

Sal marinho

PARA A SALADA

3 nectarinas maduras, mas firmes, cortadas ao meio e sem caroço

24 vieiras, músculos laterais removidos, enxugados

Flor de sal ou outro sal marinho e pimenta branca moída na hora

Cerca de 1 colher de sopa de azeite, se você estiver tostando as vieiras

3 espigas de milho, descascadas, seda removida e grãos cortados das espigas (cerca de 1½ xícara)

24 tomate cereja ou tomate uva, cortados ao meio (ou 3 tomates maduros, cortados em pedaços pequenos)

6 folhas grandes de manjericão fresco, picadas

PARA FAZER O VESTIDO: Coloque todos os ingredientes em uma jarra pequena, tampe e agite para misturar. Ou misture as raspas, o suco, o sal e o piment d'Espelette ou a pimenta em pó em uma tigela pequena e, em seguida, acrescente lentamente o azeite. (O molho pode ser feito na noite anterior e mantido tampado na geladeira; leve à temperatura ambiente antes de usar.)

PARA FAZER O COULIS DE MANJERICÃO: Se tiver tempo, escalde o manjericão por 30 segundos em água fervente, coloque-o em uma tigela com gelo e água, leve à geladeira por alguns minutos e depois seque, para que o coulis fique verde brilhante. Coloque o manjericão, o azeite e uma pitada de sal em um miniprocessador ou liquidificador e bata até fazer um purê; deixou de lado. (O coulis pode ser feito com antecedência e mantido coberto na geladeira durante a noite; leve à temperatura ambiente antes de usar.)

PARA FAZER A SALADA: Se for grelhar as vieiras, pré-aqueça a grelha. Se você estiver tostando-os, aqueça uma frigideira grande de fundo grosso em fogo alto - uma frigideira de ferro fundido é boa aqui; uma frigideira grande também é ótima.

Se for grelhar, arrume as nectarinas com o lado cortado voltado para baixo e as vieiras na grelha e cozinhe por 1 minuto e meio. Vire as vieiras - deixe as nectarinas intactas - tempere as vieiras com sal e pimenta branca e grelhe por mais 1 minuto e meio; as vieiras devem ser firmes, mas ainda translúcidas no centro. Se estiver tostando na frigideira, adicione óleo suficiente para cobrir levemente o fundo da frigideira e, em fogo médio-alto e trabalhando em lotes para que nada fique amontoado, primeiro cozinhe as nectarinas até que estejam bem aquecidas, cerca de 3 minutos , em seguida, remova e mantenha aquecido. (Se você estiver usando uma frigideira, talvez não seja necessário untá-la com óleo - isso dependerá de quão bem temperada ela estiver.) Em seguida, sele as vieiras por 1 minuto e meio de cada lado, temperando-as com sal e pimenta branca ao virá-las. . Continue quente.

Para servir, coloque o milho em uma tigela pequena e misture com uma colher de molho de limão – use apenas o suficiente para umedecer os grãos. Prove o sal e pimenta. Coloque os tomates em outra tigela e tempere com sal e pimenta. Coloque 4 vieiras no centro de cada prato. Envolva as vieiras com os grãos de milho, espalhe os tomates sobre o milho e coloque 1 metade de nectarina ao lado de cada prato. Coloque um pouco de molho de limão sobre as vieiras e cubra-as com coulis de manjericão; Salpique o milho e os tomates com um pouco de coulis também, se desejar. Polvilhe o manjericão ralado sobre o milho e o tomate e sirva.

FAZ 6 PORÇÕES

SERVINDO
Gosto de preparar esta salada em pratos individuais, mas certamente pode ser servida em família.

ARMAZENAMENTO
Você pode fazer o molho de limão e o coulis de manjericão no dia anterior, mas todo o resto deve ser preparado o mais próximo possível da hora de servir.

Macarrão de Camarão e Celofane

TÃO ASSIM COMO GUARDAM A PUREZA das especialidades de sua família, os franceses são descaradamente livres com receitas de outras culturas. Eles vão misturar o parmesão em uma panela de arroz e chamá-lo de risoto, fatiar um tomate fino como papel e batizá-lo de carpaccio, adicionar uma pitada de curry em pó a um ensopado e marcá-lo à l'indienne, e fazer qualquer coisa em uma wok e chame isso de asiático. Pode ser um pouco arrogante, mas a comida que resulta dessa tentativa de fusão de espírito aberto é muitas vezes tão boa que apenas um pedante se preocuparia com a nomenclatura. Certamente ninguém reclamaria se fosse confrontado com esta mistura remotamente chinesa de camarão, cogumelos secos e macarrão translúcido e escorregadio misturado com molho de tomate que obtém sua coragem de uma colher de cinco especiarias chinesas em pó, uma mistura de gengibre, cravo , canela, pimenta e anis estrelado. O sabor é assustador e misterioso – ninguém adivinha o que é.

Este prato foi criado pela minha amiga Hélène Samuel e foi servido pela primeira vez chez Hélène como parte de uma refeição totalmente laranja. Não me lembro por que ela decidiu nos servir apenas comida laranja (além do fato de ela ser louca pela cor), mas lembro que começamos com uma salada de laranja, comemos o camarão e terminamos a refeição com um bolo de cenoura. Pedi esta receita antes de sair pela porta.

1   onça de cogumelos secos de orelha de árvore chinesa

3   onças de macarrão de celofane (também conhecido como aletria chinesa ou macarrão de vidro)

1   colher de sopa de óleo de gergelim torrado asiático ou um pouco mais a gosto

1   colher de chá de cinco especiarias chinesas em pó

1   colher de chá de açúcar

    Pitada de pimenta caiena ou outra pimenta vermelha picante

2   colheres de sopa de óleo de amendoim ou óleo de semente de uva

1	cebola pequena, finamente picada
3	pequenos dentes de alho, partidos, germes removidos e picados finamente
1	libra de camarão grande, descascado e limpo
	Sal e pimenta branca moída na hora
2	xícaras de purê de tomate
2-3	colheres de sopa de coentro fresco picado

Cerca de 30 minutos antes de cozinhar, mergulhe os cogumelos secos em bastante água morna até ficarem macios. Escorra, enxágue e seque os cogumelos. Pique-os ou corte-os em pedaços.

Mergulhe o macarrão em água quente, seguindo as instruções da embalagem (geralmente por cerca de 10 minutos). Quando o macarrão estiver macio e escorregadio, escorra e corte-o em pedaços fáceis de comer (cortei-os em três). Misture-os com 1 colher de sopa de óleo de gergelim.

Leve uma panela média com água para ferver e deixe ferver. Tenha uma peneira em mãos.

Misture o pó de cinco especiarias, o açúcar e a pimenta caiena.

Coloque uma wok ou frigideira grande em fogo médio e despeje o óleo de amendoim ou de semente de uva. Quando estiver quente, acrescente a cebola e cozinhe por mais ou menos um minuto, só até ficar translúcida, depois acrescente os cogumelos reidratados e o alho e cozinhe, mexendo, por mais 30 segundos. Aumente o fogo e coloque o camarão na frigideira, seguido rapidamente da mistura de temperos. Tempere generosamente com sal e pimenta branca e cozinhe, mexendo sempre, até o camarão começar a ficar rosado, cerca de 30 segundos. Despeje o purê de tomate e cozinhe, mexendo, por cerca de 2 minutos ou até que os camarões estejam totalmente cozidos. Prove o sal, a pimenta e a pimenta caiena e desligue o fogo.

Deslize o macarrão celofane na água fervente, aumente o fogo e cozinhe por 1 minuto. Escorra o macarrão na peneira, sacuda para secar bem e coloque-o em uma tigela; se desejar, misture-os com um pouco mais de óleo de gergelim.

Despeje o camarão e o molho sobre o macarrão, polvilhe o coentro sobre o camarão e sirva imediatamente, com pauzinhos ou garfos.

FAZ 4 PORÇÕES

SERVINDO
Esta é uma refeição completa em uma tigela e nada mais precisa do que vinho ou cerveja para acompanhar. Mas também é um prato que se presta a acompanhamentos. Às vezes coloco pequenas tigelas de amendoim salgado picado, cebolinha fatiada e pétalas de alho fritas (ver Bonne Idée,[>]) na mesa, para que meus convidados possam adicionar crocância e sabor extra ao prato à medida que vão servindo.

ARMAZENAMENTO
Como todos os refogados, este deve ser comido assim que estiver pronto, e é melhor assim. Porém, como tantos pratos de macarrão, as sobras ficam boas no dia seguinte, comidas enquanto você está no balcão da cozinha.

Lagosta Assada com Manteiga de Baunilha

ACHO QUE FOI O LENDÁRIO E REBELDE chef parisiense Alain Senderens quem primeiro pensou em combinar lagosta com baunilha, e posso imaginar que ele pode ter tido que persuadir seus convidados a optar pela nouvelle duo. Também posso imaginar que, uma vez que o fizessem, teriam sido conquistados imediatamente. Degustar uma lagosta doce luxuosa com baunilha doce e poderosamente perfumada é um daqueles momentos eureka: você sabe em um instante que a combinação é inspirada.

A primeira incursão de Senderens na terra da lagosta baunilha foi a lagosta assada com um beurre blanc de baunilha, e isso me deu a ideia de infundir manteiga clarificada com baunilha e refogar suave e rapidamente as caudas e as garras da lagosta. O prato tem a aparência e o sabor de ter sido feito na cozinha de um chef de primeira linha, quando, na verdade, não requer técnicas ou equipamentos complicados. É, no entanto, caro – lagosta, manteiga e baunilha são ingredientes luxuosos. Mas se procura um prato para uma ocasião especial, faça esta receita.

Mesmo que você use apenas parte de cada lagosta, gosto de comprar lagostas inteiras para o prato e fervê-las apenas o tempo suficiente para tirar a carne do rabo e das garras (eu escolho a carne do corpo e aproveito para mim). Se quiser tornar este prato ainda mais simples de preparar, pode começar com caudas de lagosta (2 por pessoa), cozinhadas na hora na peixaria ou com lagosta descongelada e congelada.

Prefiro os grãos de baunilha (a maciez e a flexibilidade, juntamente com a fragrância, são sinais de que os grãos estão em perfeitas condições), mas você pode usar extrato de baunilha puro – a imitação estragará o prato.

Quanto à manteiga, você precisa de toda a quantidade necessária para escalfar bem as lagostas, mas vai sobrar bastante, que pode usar no purê de batata, ou para refogar frutos do mar, ou como um ótimo molho para casca mole. caranguejos ou lagosta cozida.

ESTEJA PREPARADO:A receita é longa, mas não complicada, e você pode pré-cozinhar as lagostas e esclarecer e dar sabor à manteiga com antecedência, então leia-a primeiro e planeje um cronograma que funcione para você.

4   lagostas vivas, 1¼ a 1½ libra cada
1½ libras (6 palitos) de manteiga sem sal
2   grãos de baunilha macios e macios (primeira escolha) ou
1 ½ colher de sopa de extrato de baunilha puro

Flor de sal ou outro sal marinho

Pimenta branca moída na hora

Para preparar as lagostas para refogar, tenha em mãos um quebra-nozes, uma picareta de lagosta ou um espeto pontudo, uma tesoura de cozinha e uma faca pesada de chef, além de alguns panos de prato. Eu sugiro que, mesmo que você nunca use avental, abra uma exceção e vista-o agora.

Leve uma panela grande com água generosamente salgada para ferver. Você pode pré-cozinhar as lagostas todas de uma vez, mas como é mais fácil retirar a carne delas ainda quentes, é melhor trabalhar com uma ou duas de cada vez. Mergulhe as lagostas de cabeça na água e cozinhe por 3 minutos. Retire-as da água com uma pinça, segurando as lagostas sobre a panela para que a maior parte da água escorra delas, depois transfira-as para uma bandeja ou panela grande. (Coloquei as lagostas em uma gradinha sobre uma assadeira.) Protegendo as mãos com panos de prato, quebre as garras onde elas encontram o corpo e coloque-as de volta na panela para ferver por mais 3 minutos.

Agora comece a separar a carne das cascas. Usando a faca (ou as mãos), remova cada cauda do corpo e coloque-a sobre uma tábua de cortar. Usando a ferramenta que funcionar melhor para você (eu pego a tesoura neste momento), corte o centro da cauda sem cortar a carne e então, usando os dedos, puxe a carne da cauda inteira. Para soltar a carne das garras, use o quebra-nozes para quebrar as cascas e, se necessário, passe uma faca de mesa (ou uma colher de tutano, se tiver) entre a carne e a casca para soltar a carne. Agora use a picareta para remover a carne dos nós dos dedos e divirta-se - é a sua recompensa pelo trabalho que você fez e o seu incentivo para continuar.

Coloque toda a carne do rabo e das garras em uma tigela e cubra com filme plástico. (Você pode preparar a lagosta com um dia de antecedência e mantê-la tampada na geladeira.) Quanto ao resto, você pode mastigar os corpos ou congelá-los e as cascas para a sopa.

Corte a manteiga em pedaços e coloque-os em uma panela pequena. Coloque a panela em fogo bem baixo e derreta a manteiga lentamente – não apresse o processo. Quando a manteiga derreter, deixe-a no fogo por mais alguns minutos enquanto você retira com cuidado e descarta a espuma que subiu até o topo. Retire a panela do fogo, coloque-a sobre um tripé e deixe descansar por cerca de 3 minutos.

Muito lenta e suavemente, despeje o líquido amarelo claro - a manteiga clarificada - em um recipiente (eu uso um copo medidor Pyrex), parando assim que os sólidos brancos do leite começarem a subir até a borda da panela. Se você despejou um pouco rápido demais, deixe a manteiga clarificada descansar por um momento e repita o processo de despejar. Como alternativa, você pode despejar a manteiga em uma peneira de malha fina forrada com um pano de algodão umedecido para coletar os sólidos. (Você pode clarificar a manteiga com até uma semana de antecedência e mantê-la bem tampada na geladeira.)

Coloque a manteiga em uma panela que caiba apenas nela e na carne da lagosta - quanto menor o diâmetro, melhor, para que a manteiga cubra mais a lagosta quando você adicioná-la. (Eu uso uma panela de 3 litros de 15 centímetros de largura.) Corte os grãos de baunilha ao meio no sentido do comprimento e raspe a polpa e as sementes na panela, depois coloque os próprios grãos ou adicione o extrato de baunilha e adicione uma pitada de flor de sal. Mais uma vez, no fogo mais baixo possível, aqueça a manteiga por 10 minutos - ela não deve ferver, embora você possa formar uma ou duas bolhas - depois desligue o fogo e deixe a manteiga repousar por mais 10

minutos. (Você pode dar sabor à manteiga com um dia de antecedência
e mantê-la coberta na geladeira.)

Para refogar as lagostas, leve a carne da lagosta à temperatura
ambiente, se estiver refrigerada. Retorne a panela com a manteiga e a
baunilha ao fogo baixo e, quando estiver quente – cerca de 160 graus F
em um termômetro de leitura instantânea – coloque a lagosta. A
manteiga deve cobrir a maior parte da lagosta; se tiver um pedacinho
acima da manteiga, vire depois de um minuto. Cozinhe a lagosta por 4
minutos ou até que fique opaca - se não tiver certeza de que a lagosta
está pronta, faça um pequeno corte no rabo. Retire a lagosta da
manteiga, reserve a manteiga para outro uso e tempere a lagosta com
flor de sal e pimenta branca. Sirva agora!

FAZ 4 PORÇÕES

SERVINDO
Minha maneira favorita de servir este prato elegante é combiná-lo com
espinafre cozido no vapor com limão ([>]). Coloquei uma pequena
cama de espinafre no centro de cada um dos quatro pratos rasos de
sopa, cobri com a lagosta, certificando-me de que esteja temperada
com sal e pimenta, e coloquei um pouco da manteiga de baunilha.
Termino cada prato com um pedaço de fava de baunilha – não é
comestível, mas é lindo e aromático.

ARMAZENAMENTO
A lagosta pode ser preparada com um dia de antecedência e a manteiga
pode ser clarificada com uma semana de antecedência e aromatizada
no dia anterior. Uma vez unidos os elementos e o prato concluído,
deve ser saboreado de imediato, sem pensar em sobras.

VEGETAIS E GRÃOS*(Principalmente lados, mas alguns principais também)*

Legumes e Grãos *(Principalmente lados, mas alguns principais também)*

Espargos e Pedaços de Bacon[>]
Espinafre Cozido com Limão[>]
Feijão Verde Pancetta[>]
Brócolis revestido com migalhas de alho[>]
Cenouras temperadas com cobertura de manteiga[>]
Boulevard Raspail Espiga de Milho[>]
Panquecas de Milho[>]
Endívias, maçãs e uvas[>]
Pepinos crocantes em conserva de gengibre[>]
Pipérade salteado[>]
tomates assados[>]
Tomates provençais[>]
Cantarelos com Napa e Nozes[>]
Baby Bok Choy, Sugar Snaps e Alho em Papillote[>]

Espargos e Pedaços de Bacon

Misture espargos cozidos com óleo de nozes e suco de limão, depois cubra as lanças com cebola e bacon e você obterá sabor, textura e aparência sofisticados - tudo em cerca de 10 minutos.

2	colheres de chá de óleo de avelã ou óleo de noz, ou mais a gosto
1	colher de chá de suco de limão fresco ou mais a gosto
3	tiras grossas de bacon
½	cebola pequena, picada finamente, enxaguada e seca
20-24	talos de espargos (de preferência talos grossos), aparados e descascados
	Sal e pimenta moída na hora

Misture o óleo de nozes e o suco de limão; deixou de lado.

Coloque o bacon em uma frigideira grande, leve ao fogo médio e cozinhe, virando de vez em quando, até que os dois lados estejam bem dourados. Escorra bem o bacon e retire da frigideira toda a gordura do bacon, exceto 1 colher de chá; deixou de lado.

Corte o bacon em cubos de ¼ de polegada e misture com a cebola.

Leve uma frigideira grande com água salgada para ferver. Coloque os aspargos na panela e cozinhe até que uma faca fure facilmente os talos, cerca de 4 minutos. Escorra, seque os aspargos com papel toalha e misture delicadamente com o azeite e o suco de limão. Tempere generosamente com sal e pimenta; experimente e adicione mais óleo ou suco, se necessário.

Enquanto os aspargos cozinham, aqueça a gordura do bacon restante na frigideira até aquecer. Adicione os pedaços de bacon e a cebola e mexa para aquecer um pouco e cubra com azeite (não quer colorir ou cozinhar a cebola).

Para servir, escorra o bacon e a cebola e coloque-os sobre os aspargos.

FAZ 4 PORÇÕES

SERVINDO

Disponha os aspargos em um prato de servir. Retire o bacon e a cebola da frigideira com uma escumadeira e coloque-os sobre os aspargos.

ARMAZENAMENTO

Esta é uma receita para fazer e comer.

Espinafre Cozido com Limão

AQUI ESTÁ UMA maneira INTELIGENTE, SE DE CABEÇA, de cozinhar e temperar perfeitamente o espinafre. É confuso porque você tempera o espinafre antes de cozinhá-lo, e é inteligente porque resolve o problema de como misturar o espinafre com temperos depois de murchar. O que faço é misturar o espinafre limpo com sal, pimenta, azeite e raspas de limão raladas, como se estivesse fazendo uma salada, depois cozinhar as folhas no vapor e simplesmente retirá-las da panela e colocá-las nos pratos. Nada poderia ser mais simples, e o melhor é que o pré-tempero gruda – o sabor e a fragrância do limão ralado realmente se destacam após o cozimento no vapor.

Você pode cozinhar o espinafre em qualquer tipo de vaporizador ou cesta fumegante, mas desde que minha amiga Patrícia Wells me disse que usa sua panela de macarrão, que tem um encaixe perfurado, como vaporizador, eu também tenho feito isso. É perfeito para o trabalho.

1¼	**libras (dois sacos de 10 onças) de espinafre (pré-limpo e aparado)**
1-1½	**colheres de sopa de azeite extra-virgem**

Raspas de 1 limão

Sal e pimenta moída na hora

Tenha o seu vaporizador configurado e pronto para usar - certifique-se de não encher a panela com tanta água que ela ferva na cesta de cozimento a vapor.

Coloque o espinafre em uma tigela e misture com 1 colher de sopa de azeite, as raspas e sal e pimenta a gosto. Prove o tempero e, se o espinafre parecer seco, acrescente um pouco ou todo o azeite restante.

Coloque o espinafre na panela, tampe e cozinhe no vapor por 3 minutos - o espinafre provavelmente precisará de mais um ou dois minutos antes de ficar macio, mas é uma boa ideia verificar com antecedência e dar uma volta. O espinafre deve ser servido assim que estiver cozido.

SERVINDO
A maneira mais fácil de distribuir o espinafre é retirá-lo do vaporizador com uma pinça: segure-o acima do vaporizador, deixando um pouco da umidade escorrer de volta para a panela e, em seguida, coloque-o em uma travessa ou em pratos individuais. O espinafre fica bom sozinho, mas é ótimo como almofada para pratos como frango crocante com canela ([>]), Salmão com Tapenade de Manjericão ([>]), ou, o melhor de tudo, Lagosta Refogada com Manteiga de Baunilha ([>]).

ARMAZENAMENTO
É melhor comer o espinafre imediatamente após cozinhá-lo no vapor, mas se sobrar um pouco, você pode reaquecê-lo delicadamente no forno de micro-ondas ou no vaporizador.

---

beterraba: *quatro maneiras de cozinhá-los*

Durante anos, sempre que voltava de uma viagem à França, ligava para Julia Child para relatar minhas aventuras. Claro, ela sempre me perguntava o que eu tinha cozinhado e o que tinha comido, e muitas vezes perguntava, com um suspiro cativante, se a comida ainda estava maravilhosa. Então, um dia, ela fez uma pergunta que surgiu do nada, mas era tão Julia: "Você ainda consegue comprar beterraba cozida no mercado?" ela perguntou, acrescentando: "Sempre adorei isso e não consigo entender por que não fazemos isso aqui". De fato.

Sim, você ainda pode comprar beterraba cozida no mercado, em qualquer mercado. Normalmente as beterrabas são do tipo grande e redondo, cozidas ao natural, sem um pingo de tempero (uma tabula rasa para suas próprias receitas) e empilhadas com a casca ainda intacta. Eles são exibidos em caixas ao lado dos produtos frescos, e quando você pede um, o vendedor pega um garfo, espeta-o e coloca-o em um saco plástico - um que você espera que mantenha seu tesouro de rubi seguro até você chegar em casa, porque a beterraba o suco, por mais bonito que seja, pode muito bem ser vendido como corante.

Claro, na temporada, você também pode comprar beterrabas frescas no mercado francês. Eles vêm em todos os tamanhos e agora em um arco-íris de cores. Mas, a julgar pelas saladas que vejo pela cidade e pelos pratos que meus amigos preparam, o vermelho continua sendo o tom preferido e o pronto-cozido o ingrediente preferido para saladas.

Como meus mercados locais nos Estados Unidos raramente cozinham beterrabas (alguns mercados na cidade de Nova York importam beterrabas embaladas a vácuo e estáveis em prateleira da França), eu mesmo cozinho as beterrabas para poder fazer saladas. Dependendo do tempo que tenho, asso a beterraba, cozinho no vapor, fervo ou, o mais rápido, cozinho no micro-ondas. Cozinhar no vapor é simples, ferver é tradicional e cozinhar no micro-ondas é melhor do que você espera. Assar dá o sabor mais profundo, mas eu não ligaria o forno só para cozinhar beterraba.

PREPARANDO-SE: Se as beterrabas ainda estiverem presas às verduras, corte-as soltas, deixando apenas alguns centímetros do talo; guarde as verduras para outro uso. Esfregue - não apenas enxágue, mas realmente esfregue e esfregue - as beterrabas são limpas em água corrente. Se você tiver uma escova para vegetais, use-a.

PARA ASSAR BETERRABA: Centralize uma gradinha no forno e pré-aqueça o forno a 425 graus F. Coloque as beterrabas em uma assadeira, despeje um pouco de água (apenas algumas colheradas), cubra a assadeira com papel alumínio e faça um pequeno furo nela. Asse por 30 a 60 minutos, dependendo do tamanho das beterrabas, até conseguir furá-las facilmente com uma faca. Retire as cascas quando as beterrabas estiverem frias o suficiente para serem manuseadas.

PARA BETERRABAS A VAPOR: Disponha uma cesta fumegante em uma panela e adicione água suficiente na panela para ficar cerca de 2,5 cm abaixo da cesta; leve para ferver. Coloque as beterrabas na cesta, tampe a panela e cozinhe no vapor até que as beterrabas possam ser facilmente perfuradas com a ponta de uma faca, 20 a 30 minutos para beterrabas pequenas, até 1 hora para beterrabas gigantes. Certifique-se de adicionar mais água conforme necessário. Quando estiverem frios o suficiente para serem manuseados, descasque-os.

PARA FERVER BETERRABA: Leve uma panela grande com água salgada para ferver. Coloque as beterrabas e ferva até ficarem macias o suficiente para serem furadas com a ponta de uma faca. Escorra as beterrabas e, quando puder manuseá-las (pode enxaguá-las em água fria para acelerar o resfriamento), descasque-as.

PARA BETERRABAS DE MICROONDAS: Coloque as beterrabas em um recipiente adequado para micro-ondas com algumas gotas de água, tampe e cozinhe em potência alta por 10 minutos. (Se as beterrabas forem muito pequenas, podem precisar de apenas 8 minutos.) Retire todas as beterrabas que podem ser facilmente perfuradas com a ponta de uma faca; se houver alguns que ainda estejam muito firmes, leve-os novamente ao forno e cozinhe em jatos de 30 segundos até ficarem macios. Quando as beterrabas estiverem frias o suficiente para serem manuseadas, descasque-as.

Feijão Verde Pancetta

ESTE PRATO SIMPLES FICA ESPECIAL com a adição de um pouco de pancetta salteada. Acrescenta um toque salgado, outra textura e elementos de elegância e surpresa.

¾ libra de feijão verde, aparado

2 onças de pancetta, picada grosseiramente

½ colher de sopa de manteiga sem sal

Sal e pimenta moída na hora

Óleo de nozes (minha preferência) ou azeite extra-virgem

Leve uma panela grande com água salgada para ferver e encha uma tigela com cubos de gelo e água fria. Jogue o feijão na água fervente e cozinhe até ficar macio e crocante, cerca de 5 minutos. Escorra, transfira para o banho de água gelada e deixe esfriar por 2 minutos; escorra e seque.

Aqueça uma frigideira grande em fogo médio. Adicione a pancetta e refogue até ficar crocante e crocante, cerca de 2 minutos. Usando uma escumadeira, transfira a pancetta para um prato forrado com papel toalha e seque. Escorra toda a gordura da frigideira, exceto 1 colher de sopa.

Retorne a frigideira ao fogo médio e adicione a manteiga. Quando a gordura estiver quente, acrescente o feijão e cozinhe, mexendo, até aquecer bem. Tempere com sal e pimenta e junte a pancetta. Retire do fogo e regue o feijão com um pouco de azeite.

FAZ 4 PORÇÕES

SERVINDO

Leve o feijão para a mesa enquanto está quente e sirva junto com bifes, assados, costeletas ou frango.

ARMAZENAMENTO

As sobras de feijão podem ser mantidas tampadas na geladeira durante

a noite. Reaqueça-os delicadamente ou sirva-os em temperatura
ambiente com um pouco de vinagre de xerez ou suco de limão fresco.

No último dia da minha primeira viagem à França, fui severamente
repreendido por um vendedor de frutas porque me atrevi a colher
minha própria ameixa. Fiquei assustada, envergonhada e um pouco
surpresa porque meu marido, sempre ao meu lado, não se adiantou
para me defender. Foi só depois que eu pedi desculpas ao vendedor e
permiti que ele escolhesse um par de ameixas para mim que Michael
apontou para a grande placa a poucos centímetros acima da fruta, uma
placa que dizia "Ne Touchez Pas" em letras grandes e " Não toque na
fruta" em letras ainda maiores.

Longe da cena do crime, percebi que a bronca do vendedor era
motivo de orgulho: ele conhecia suas frutas, sabia o que tinha nas
bancas naquele dia e sabia que era sua função escolher a fruta certa
para cada um. de seus clientes.

Quando bem feito, esse tipo de serviço é uma delícia: você se
sente especial e, o mais importante, consegue a melhor comida. Na
fromagerie - ainda um tipo de lugar onde não se pode tocar - o
queijeiro pergunta quando você planeja servir um determinado queijo,
e então ele pressiona e cutuca quantos forem necessários para
conseguir aquele que atingirá seu momento perfeito de prontidão na
hora certa.

É a mesma história na barraca de frutas. No auge da temporada do
melão, na rue de Buci, perto do meu apartamento, peço ao vendedor
um melão, por favor. "Quando você vai servir?" ele pergunta.

À minha resposta, "Hoje à noite", ele pergunta: "A que horas?"

Eu interpreto o cara hétero e digo a ele: "21h"

Ele começa a pesar os melões, descartando cada um deles, até
encontrar o que presumo ser o ideal para mim. Ele o move de mão em

mão, franze a testa e diz com profunda seriedade: "Espero que este seja bom - realmente não estará pronto antes das 9h15."

Brócolis revestido com migalhas de alho

Rolar brócolis em algumas migalhas de pão amanteigado aromatizadas com alho, limão e ervas é rápido, fácil e transformador: o vegetal de todos os dias está subitamente pronto para companhia.

1½-2	**libras de brócolis, aparados e cortados em 6 talos**
	Sal e pimenta moída na hora
4	**colheres de sopa (½ palito) de manteiga sem sal**
3	**pequenos dentes de alho, partidos, germes removidos e picados finamente**
½	**xícara de migalhas de pão seco**
	Raspas de 1 limão picadas ou raladas grosseiramente
2	**colheres de sopa de hortelã fresca picada ou salsa**

Em uma panela a vapor ou em uma panela com cesta para cozimento a vapor, cozinhe os brócolis, tampados, até que os talos estejam macios, 7 a 9 minutos. Você deve conseguir furar os talos com a ponta de uma faca. Transfira para um prato forrado com papel toalha de espessura dupla, escorra e seque. Tempere os brócolis com sal e pimenta e reserve.

Coloque uma frigideira grande, de preferência antiaderente, em fogo médio-baixo e acrescente a manteiga. Quando a manteiga derreter, acrescente o alho e cozinhe por cerca de 2 minutos, até amolecer, mas sem cor. Adicione as migalhas de pão, tempere com sal e pimenta e misture as migalhas com o alho até ficarem bem misturadas, umedecidas com manteiga e torradas, cerca de 2 minutos. Junte as raspas e a hortelã ou salsa.

Adicione os brócolis e vire para cobrir as florzinhas com migalhas. Transfira os brócolis para uma travessa e coloque sobre as migalhas que sobraram na frigideira. Sirva imediatamente.

FAZ 6 PORÇÕES

O brócolis fica particularmente bom com peixe ou frango, grelhado ou refogado, e acompanha omeletes.

ARMAZENAMENTO
Você pode cozinhar os brócolis com algumas horas de antecedência, mas depois de cobrir os talos com migalhas, leve o prato à mesa.

Cenouras temperadas com cobertura de manteiga

CENOURAS, TÃO DOCES POR SI PRÓPRIA, são uma companheira descontraída para ingredientes doces e salgados. Aqui, além da cebola e do alho, as cenouras são cozidas com uma boa quantidade de gengibre e algumas sementes de cardamomo, que conferem um brilho cítrico ao mesmo tempo acolhedor e indescritível. Para obter o máximo sabor do cardamomo, amasse um pouco as sementes com um pilão ou amasse-as com a ponta ou as costas de uma faca de chef.

2	colheres de sopa de manteiga sem sal
1	cebola pequena, finamente picada
1	Pedaço de gengibre fresco de ½ polegada, descascado e em fatias finas
1	dente de alho, dividido, germe removido e fatiado em fatias finas
	Sementes de 4 vagens de cardamomo, machucadas (ver nota de cabeçalho)
	Sal e pimenta branca moída na hora
12	cenouras médias (cerca de 1 ½ libra), aparadas, descascadas e cortadas na diagonal em pedaços de cerca de 5 centímetros de comprimento
1	xícara de caldo de galinha

Derreta a manteiga em uma panela média em fogo médio. Junte a cebola, o gengibre, o alho e as sementes de cardamomo, tempere levemente com sal e pimenta branca e cozinhe, mexendo sempre, até os legumes amolecerem, cerca de 5 minutos. Adicione as cenouras e mexa para cobri-las com a manteiga. Despeje o caldo de galinha e deixe ferver, depois abaixe o fogo para que o caldo ferva. Tampe a panela e cozinhe até que as cenouras estejam macias, 10 a 15 minutos.

Retire a tampa, aumente o fogo e cozinhe até que o caldo evapore quase completamente e só reste a manteiga temperada cobrindo as cenouras. Tempere com sal e pimenta branca e sirva.

FAZ 6 PORÇÕES

SERVINDO

Preparadas desta forma, as cenouras são úteis: acompanham tão bem pratos leves como peixe e frango quanto com carne.

ARMAZENAMENTO

Embora sejam melhor servidos logo após serem glaceados, as sobras podem ser refrigeradas durante a noite e reaquecidas suavemente no dia seguinte.

Boulevard Raspail Espiga de Milho

O MERCADO ORGÂNICO DE DOMINGO na avenida Raspail é provavelmente o mais caro de Paris, em parte porque é orgânico (um dos únicos dois mercados ao ar livre da cidade que são biológicos), em parte porque fica em um bairro de alto aluguel, e talvez em parte porque observar as pessoas é muito bom. Foi aqui que conversei com a atriz Juliette Binoche enquanto saboreava uma cesta de muffins feita por uma moradora de longa data de Paris. Apesar de o mercado ser estreito e terrivelmente frio e escuro no inverno, está sempre lotado e as filas para os melhores vendedores são sempre longas.

Não sou o garçom mais paciente do mundo, e num dia muito frio, quando a fila estava parada, tive que me lembrar que o serviço atencioso que a mulher que dirigia estava recebendo foi o que tanto encantou os mercados para mim . Finalmente, depois do que deve ter sido uma conversa de cinco minutos, o vendedor entregou um pequeno saco de papel à mulher. Eu não conseguia imaginar o que ela havia comprado. É raro sair de uma barraca de vegetais com apenas um pacote, a menos que você esteja comprando cogumelos silvestres, trufas ou as primeiras frutas silvestres da estação, nenhuma das quais estava em oferta naquele dia.

Minha vez chegou e passou, e continuei meu caminho. Ao terminar minhas compras, encontrei a mulher que havia atrasado a fila. Eu a interrompi, pedi licença por ser tão ousado e expliquei que estava curioso para saber que conselho o vendedor havia lhe dado sobre sua compra. "O que você comprou?" Perguntei. "Oh", ela exclamou, "olha!" E, com grande alegria e entusiasmo, ela tirou duas espigas de milho (fora de época, importadas e ligeiramente murchas), completas com cascas. Se ela tivesse comprado diamantes, não poderia ter ficado mais satisfeita e eu não poderia ter ficado mais surpreso: não se vê muita espiga de milho na França, onde há muito tempo ela é considerada adequada apenas para alimentação de animais. Quando o milho aparece nas receitas francesas, geralmente é em saladas, e quase sempre o grão de milho direto da lata. "O que você vai fazer com o milho?" foi minha próxima pergunta, à qual a mulher respondeu: "Vou cozinhá-lo exatamente como a senhora dos vegetais me disse".

Bem, a senhora dos vegetais pode ter vendido milho que nenhum americano amante do milho compraria, mas ela certamente sabia como cozinhá-lo. Aqui está a receita dela.

4-8   **espigas de milho com casca**

Manteiga

Sal e pimenta moída na hora

Centralize uma gradinha no forno e pré-aqueça o forno a 400 graus F.

Coloque as espigas de milho sem casca na grelha do forno e asse o milho por 40 minutos, virando-o na marca dos 20 minutos. Trabalhando sobre uma lata de lixo e usando boas luvas de forno, retire o milho, retire e descarte a seda.

Sirva na espiga ou corte os grãos da espiga e coloque-os em uma tigela. Na espiga ou fora dela, sirva o milho quente com manteiga, sal e pimenta.

FAZ 4 PORÇÕES

SERVINDO
Embora eu ache impossível imaginar a maioria dos franceses pegando uma espiga de milho e mastigando-a - a simples menção disso aos meus amigos franceses produziu olhares tão alarmados que nunca lhes servi espiga de milho - essa é a melhor maneira de comê-lo, como os americanos sabem tão bem. Unte o milho com manteiga, sal e pimenta abundantemente e divirta-se. Se você insiste em comê-lo à francesa, corte os grãos da espiga e sirva em uma tigela.

ARMAZENAMENTO
O milho fresco deve ser consumido recém cozido.

Panquecas de Milho

Embora possamos descartar o milho enlatado, os franceses o usam com alegria e sem remorso, mais comumente em saladas, mas às vezes também o incorporam em pratos como essas pequenas panquecas saborosas, o que me faz pensar por que não foram inventadas nos Estados Unidos.

Comi-os pela primeira vez em uma pousada francesa há algumas décadas e, como eram feitos com material enlatado, imaginei que não veria o prato novamente tão cedo na América, um palpite que se provou verdadeiro. Demorou anos até que os tivesse aqui e, quando os consegui, foram preparados por um chef francês, o agora mundialmente famoso Jean-Georges Vongerichten, que os preparou logo depois de chegar às nossas costas. Quando lhe contei como estava encantado por tê-los (ele combinou os bolos com crème fraìche e caviar), ele pareceu confuso. Com um encolher de ombros improvisado, ele me disse: "Eles são algo que minha mãe fazia o tempo todo". Garoto de sorte.

1   Lata de grãos de milho de 15 a 16 onças (de preferência sem açúcar ou xarope de milho), escorridos
2   ovos grandes
6   colheres de sopa de farinha de trigo
¾   colher de chá de sal

Óleo suave (como semente de uva ou canola), para fritar

Pré-aqueça o forno a 250 graus F. Forre uma assadeira com uma esteira de silicone ou papel alumínio e forre um prato com papel toalha.

Coloque o milho, os ovos, a farinha e o sal no liquidificador ou processador de alimentos e bata até que tudo esteja bem misturado e homogêneo. A mistura não ficará completamente lisa e tudo bem.

Coloque uma frigideira grande de fundo grosso, de preferência antiaderente, em fogo médio e despeje cerca de 3 colheres de sopa de óleo. Quando o óleo estiver quente, coloque colheradas de massa na massa, pressionando suavemente para arredondar as panquecas. Cozinhe por cerca de 2 minutos, até que a parte de baixo esteja dourada, depois vire-os e cozinhe o outro lado por mais ou menos um minuto, até que também esteja dourado. Transfira as panquecas para o prato forrado com papel toalha, cubra com mais toalhas e retire o excesso de óleo. Transfira-as para a assadeira, cubra-as com papel alumínio e mantenha-as aquecidas no forno enquanto continua a fazer panquecas, adicionando mais óleo à assadeira conforme necessário.

FAZ 6 PORÇÕES

SERVINDO
São um excelente acompanhamento, em vez de batatas, arroz ou macarrão, para frango ou carne assada ou até mesmo para o peru do Dia de Ação de Graças. Ou faça como Jean-Georges e sirva as panquecas como aperitivo com crème fraîche e caviar, ovas de salmão ou salmão defumado.

ARMAZENAMENTO
Você pode fazer as panquecas com algumas horas de antecedência, mantê-las tampadas em temperatura ambiente e reaquecê-las antes de servir (no forno convencional ou no micro-ondas). Ou você pode embalá-las hermeticamente (separe as panquecas com pequenos quadrados de pergaminho ou papel manteiga) e congelá-las por até 2 meses e depois reaquecê-las conforme necessário.

Endívias, maçãs e uvas

SE VOCÊ NUNCA COLOCOU ENDIVA COZIDA no topo da sua lista de favoritos, ou se nunca cozinhou escarola, provavelmente é porque não tinha esta receita para recorrer. Veio de Alain Passard, o chef três estrelas Michelin que tem um jardim mágico nos arredores de Paris. Passard, obcecado por vegetais, virou de cabeça para baixo o estabelecimento da alta gastronomia parisiense ao anunciar que serviria apenas vegetais cultivados em sua fazenda e que os serviria com simplicidade. Quando Passard disse simplesmente, ele realmente quis dizer isso: os pratos podem ser tão básicos quanto uma batata (perfeita, com certeza) assada em crosta de sal e servida, sem molho e desacompanhada, no instante em que sai do forno. Os preços desses pequenos tesouros podem ser tão altos quanto os das trufas e do foie gras. Tal ousadia beirava o escândalo, mas logo a paixão de Passard pelos vegetais e sua mão segura na colheita tornaram-se o padrão pelo qual o cozimento de vegetais era julgado.

Esta receita, que me foi recomendada pela minha amiga Meg Zimbeck, não poderia ser mais simples nem mais sublime. As frutas e a escarola são cozidas lentamente em manteiga com sal – vire-as apenas uma vez – até ficarem macias e caramelizadas. É isso, exceto raspar os açúcares do cozimento, e você não precisa de mais nada. A escarola, conhecida pelo seu amargor, mantém o seu sabor característico, mas as maçãs e as uvas ficam ainda mais doces com o calor, de modo que às vezes você oscila entre o amargo e o doce e às vezes os sabores se fundem. É um prato notável.

Este é o tipo de receita com a qual você poderá brincar, mas recomendo que você guarde as uvas - elas são completamente inesperadas e tão boas que quase roubam a cena.

2	endívias gordas, aparadas
1	maçã agridoce, como Fuji ou Gala
1½	colheres de sopa de manteiga com sal (se você encontrar manteiga com cristais de sal marinho, use-a)
4	pequenos cachos de uvas brancas ou verdes (na França, gosto de usar uvas Muscat)

4 pequenos ramos de alecrim

Sal, de preferência flor de sal e pimenta moída na hora

Corte as endívias ao meio, no sentido do comprimento. Corte a maçã em quartos e retire o caroço. Retire uma tira fina de pele no centro de cada quarto.

Coloque uma frigideira grande (antiaderente é melhor) em fogo baixo e misture a manteiga. Quando estiver derretido, coloque a escarola na panela com o corte voltado para baixo e a casca das maçãs voltada para cima. Adicione as uvas, espalhe sobre o alecrim e cozinhe, sem mexer, por 20 minutos, momento em que a parte inferior das endívias estará caramelizada e as maçãs e uvas ficarão macias e talvez douradas. Vire tudo com cuidado, regue com o líquido da panela e cozinhe por mais 20 minutos.

Transfira os ingredientes para uma travessa quente ou para pratos individuais e, com uma colher resistente de madeira ou silicone, raspe os açúcares do cozimento que grudaram no fundo da panela. Você pode colocar algumas colheres de água na panela para ajudá-lo a capturar os açúcares e fazer uma quantidade extra de molho. Tempere a escarola com sal e pimenta, regue com o molho e sirva.

FAZ 4 PORÇÕES DE ENTRADA OU ACOMPANHAMENTO OU 2 PORÇÕES DE PRATO PRINCIPAL

SERVINDO
Você pode servir como primeiro prato ou como acompanhamento de frango ou peixe que não esteja muito temperado; algo grelhado seria perfeito. Também é um ótimo prato principal (se quiser dobrar a receita, faça em duas frigideiras) seguido de pão e queijo – pense no queijo azul.

ARMAZENAMENTO
Isso realmente deve ser servido assim que estiver cozido. Reaqueci as sobras brevemente no forno de micro-ondas e elas estão boas, mas não tão boas quanto no dia anterior; a endívia tem tendência a ficar mais amarga quando reaquecida.

Abóbora e maçãs de Ação de Graças. Uma versão de abóbora ou abóbora é esplêndida para as férias. Esta é a combinação que faço com mais frequência: 4 fatias finas (1 a 1½ polegada de espessura) de abóbora ou abóbora (eu uso abóbora Red Kuri, que não precisa ser descascada), 12 a 16 castanhas cozidas (eu uso em frasco), 1 maçã (ou pêra), 4 cachos de uvas e raminhos de alecrim, tomilho ou, o melhor de tudo, sálvia para a erva. Você pode regar com xarope de bordo quente - e também fica bom coberto com nozes torradas, com uma colher de molho de cranberry e laranja ao lado.

LE CREUSET

Pepinos crocantes em conserva de gengibre

NA PRÓXIMA VEZ QUE VOCÊ COMER ao ar livre, pense nisso - eles podem aumentar o quociente picante de qualquer cesta de piquenique, já que são uma versão mais quente e saborosa dos tradicionais pepinos em fatias finas em vinagre. Nesta versão, os pepinos (gosto de usar os sem sementes) são cortados ao meio, divididos em quartos e cortados em pedaços pequenos o suficiente para serem comidos em companhia educada, mas fartos o suficiente para lhe dar uma boa dose da mistura picante de carne picada da salada. gengibre, pimenta e, claro, vinagre - seja branco puro e pouco sofisticado ou, se você estiver se sentindo um pouco exótico, vinagre de arroz temperado.

ESTEJA PREPARADO: Os picles precisam esfriar por pelo menos 2 horas antes de servir.

1   pepino sem sementes ou 2 pepinos longos regulares, descascados

½   colher de chá de sal marinho

1   colher de sopa de gengibre fresco picado

¼   xícara de vinagre branco destilado ou vinagre de arroz temperado

¼   colher de chá de açúcar se você estiver usando vinagre branco

Pitada de flocos de pimenta vermelha

Coentro fresco picado, salsa ou cebolinha, para enfeitar (opcional)

Se você estiver usando um pepino sem sementes, corte-o em quartos no sentido mais longo e, em seguida, corte cada quarto em pedaços de 2,5 a 2,5 centímetros de comprimento. Se você estiver usando pepinos normais, corte-os ao meio no sentido do comprimento, retire as sementes com uma colher pequena, depois corte as metades ao meio no sentido do comprimento e corte em pedaços. Misture os pedaços em uma tigela, polvilhe com sal e mexa para misturar. Deixe os pepinos repousar, mexendo de vez em quando, por cerca de 30 minutos e depois escorra o líquido.

Adicione o restante dos ingredientes, exceto as ervas picadas, à tigela e mexa. Refrigere os picles por pelo menos 2 horas (4 a 6 horas é melhor) ou durante a noite, antes de servir.

Pouco antes de servir, polvilhe com ervas, se desejar.

FAZ 4 PORÇÕES

SERVINDO
Acho que os picles ficam melhor resfriados, mas também ficam bem em temperatura ambiente, o que é parte do que os torna um bom piquenique, e ficam bons em qualquer temperatura com o Hambúrguer Café Salle Pleyel ([>]).

ARMAZENAMENTO
Os pepinos ficam mais crocantes no dia em que são feitos, mas ainda ficam muito saborosos no dia seguinte. Se for mantê-los durante a noite, escorra a maior parte do líquido da decapagem e guarde os pepinos em um recipiente hermético na geladeira.

Pipérade salteado

A rigor, isto não é uma PIPÉRADE, a especialidade basca de pimentões salteados com um pouco de piment d'Espelette (ver[>]para uma verdadeira pipérade), apenas uma invenção minha baseada na maioria dos ingredientes que compõem o clássico. Este é essencialmente um refogado em que pimentões coloridos são rapidamente cozidos e depois finalizados, de forma muito pouco tradicional, com vinagre, dando-lhes um toque afiado e tornando-os a cobertura ou companheiro ideal para alimentos grelhados ou para qualquer um dos alimentos que normalmente seriam combinado com o clássico: frango, atum, camarão, chouriço ou ovos, por exemplo. Pense nisso como uma salsa do sudoeste da França.

2   pimentões vermelhos
1   pimentão verde
1   pimentão amarelo
1   pimentão laranja
2   colheres de sopa de azeite extra-virgem

    Sal e pimenta moída na hora

¼   xícara de vinagre de vinho tinto
½   cebola vermelha pequena
1   dente de alho, dividido, germe removido e picado
⅛   colher de chá de piment d'Espelette (ver Fontes[>]) ou ¼ de
    pimenta habanero, picada finamente

Corte a parte superior e inferior dos pimentões e corte-os ao meio no sentido do comprimento. Retire as sementes, corte as costelas e corte os pimentões em tiras compridas com cerca de ¾ polegada de largura.

Coloque uma wok ou frigideira grande, de preferência antiaderente, em fogo alto e acrescente o azeite. Quando estiver quente, acrescente os pimentões, tempere com sal e pimenta e cozinhe, mexendo sempre, por 6 a 8 minutos ou até ficar crocante e macio. Adicione o vinagre e cozinhe, mexendo, por mais 2 a 3 minutos, até que o vinagre caramelize e cubra os pimentões. Transfira os pimentões para uma tigela grande e deixe-os atingir a temperatura ambiente.

Corte a cebola ao meio, no sentido do comprimento, e depois corte-a bem fina. Lave as fatias brevemente em água fria, escorra e seque com papel toalha.

Misture a cebola, junto com o alho e o piment d'Espelette ou pimenta, na tigela com os pimentões e tempere com sal e pimenta.

FAZ 4 PORÇÕES

SERVINDO
Esta mistura vai bem com grelhados como frango, peixes carnudos (experimente com atum com crosta de especiarias,[>]) e, o melhor de tudo, bife. Sirva os pimentões em estilo familiar, ou use-os para cobrir ou acompanhar o prato principal.

ARMAZENAMENTO
Os pimentões podem ser preparados com até 1 dia de antecedência e mantidos bem tampados na geladeira; leve à temperatura ambiente e verifique o sal e a pimenta antes de servir.

tomates assados

TOMATES ASSADOS LENTAMENTE, OU CONFITES DE TOMATES, estão em algum lugar entre tomates frescos e tomates secos ao sol e são a melhor coisa que você pode fazer com qualquer tomate que não seja tão saboroso quanto você gostaria. (Dito isto, não deixe que ter bons tomates o impeça de assá-los - o tempo no forno só os torna melhores.) Ao regar os tomates com óleo e assá-los longa e lentamente, você concentra e aprofunda seu sabor (eu considero é um mini truque de mágica). E, se não usar logo, pode cobri-los com azeite e ganhar um bônus: azeite com infusão de tomate.

Feitos na hora, os tomates se destacam em saladas quentes ou em peixes inteiros que vão ao forno ou grelhados. Se os tomates foram embalados em óleo, eu os misturo em pratos simples de massa, corto-os para fazer pastas e molhos (veja Caviar de berinjela,[>]), ou coloque-os com uma colher e um pouco de óleo sobre frango, salmão ou atum grelhado, refogado ou cozido no vapor.

1	meio litro de tomate cereja ou uva
	Pitada de flor de sal ou sal marinho fino
	Pitada de pimenta moída na hora
	Cerca de 2 colheres de chá de azeite extra-virgem, além de óleo adicional (opcional) para armazenamento
1-2	raminhos de alecrim ou tomilho (opcional)
1-2	dentes de alho amassados, mas não descascados (opcional)

Centralize uma gradinha no forno e pré-aqueça o forno a 225 graus F. Forre uma assadeira com uma esteira de silicone ou papel manteiga.

Corte os tomates ao meio - cortei os tomates cereja transversalmente (na cintura) e os tomates uva de cima para baixo - e coloque-os com o lado cortado voltado para cima na assadeira forrada. Polvilhe com sal e pimenta e regue com azeite. Não há necessidade de usar muito óleo - apenas o suficiente para que a parte superior do tomate brilhe. (Se desejar, você pode pincelar com óleo.) Se estiver usando ervas e/ou alho, espalhe-os sobre os tomates.

Coloque a assadeira no forno e asse os tomates por cerca de 3 horas. Quando terminarem, estarão enrugados e com aspecto um pouco seco, mas pressione-os suavemente e você verá que ainda têm um pouco de suco.

Use os tomates imediatamente ou deixe esfriar na assadeira. Se não for usar agora, arrume-os em uma jarra junto com o alho e as ervas, caso tenha usado, e cubra-os com azeite.

FAZ CERCA DE 4 PORÇÕES

SERVINDO
Pense neles mais como um condimento do que como um acompanhamento e sirva sempre que quiser um toque de cor, um toque extra de sabor e outra textura.

ARMAZENAMENTO
Se esfriar na assadeira, os tomates devem ser usados dentro de algumas horas; cobertos com óleo e embalados em uma jarra, podem ser guardados na geladeira por algumas semanas.

Tomates provençais

CADA COZINHEIRO FRANCÊS QUE FAZ tomates com cobertura de ervas ASSADOS NO FORNO tem sua própria receita, mas o fato é que não precisa de receita alguma. Existem alguns dados – os tomates, com certeza; azeite para umedecê-los e fazer um pouco de molho para regar; ervas para cobri-los; e alho para definir sua bússola culinária para o sul da França - mas quais ervas você usa, como você corta os tomates, se você os assa até que estejam quase derretidos ou os deixa um pouco mais firmes, tudo depende de você.

Muitas receitas de tomate provençal pedem cortar o tomate ao meio, retirar as sementes e fazer uma cobertura abundante, na verdade um recheio, de ervas, alho e pão ralado. Por mais delicioso que seja, não é meu jeito preferido de brincar com a receita – prefiro a rusticidade de deixar nas entranhas suculentas do tomate, e não uso farinha de rosca, porque gosto de um prato com mais ênfase no tomate e ervas. Mas não tenho dúvidas de que depois de fazer isso uma vez, você encontrará sua própria versão.

Uma última palavra: claro que tudo ficará melhor se você usar tomates maduros, mas por causa do sabor forte das ervas e do alho, esta é uma receita que você pode usar mesmo quando os tomates não estão no seu auge.

Cerca de 2 colheres de sopa de azeite extra-virgem

6   **tomates maduros, cerca de 4 onças cada**

    Sal e pimenta moída na hora

2   **dentes de alho (ou mais ou menos), partidos, germes removidos e picados finamente**

2-3   **colheres de sopa de ervas frescas misturadas picadas, como salsa, manjericão, alecrim, orégano, tomilho e/ou cebolinha**

Centralize uma gradinha no forno e pré-aqueça o forno a 375 graus F. Use um pouco de azeite para untar uma forma de torta de 23 cm ou outra assadeira que possa conter as 12 metades do tomate em uma única camada.

Retire o caroço dos tomates e corte-os ao meio transversalmente. Se quiser retirar as sementes, vá em frente, mas, novamente, não é necessário. Tempere os lados cortados dos tomates com sal e pimenta e arrume-os na forma de torta. (Não há problema se as metades se empurrarem e se inclinarem um pouco para os lados - a precisão não é crucial aqui.)

Misture o alho e as ervas picadas em uma tigela pequena, tempere com sal e pimenta e, usando os dedos, misture bem. Polvilhe a cobertura sobre os tomates, certificando-se de que cada tomate receba a sua parte, depois regue os tomates e cubra com azeite. Não molhe os tomates, mas também não seja mesquinho - você quer que a cobertura fique levemente umedecida e é bom colocar um pouco de óleo no fundo da panela.

Asse os tomates por 25 a 30 minutos. Espalhe um pouco do suco acumulado sobre os tomates e continue a assar por mais 20 a 30 minutos, até que os tomates estejam bem macios e facilmente perfurados com a ponta de uma faca. Se você gosta de tomates mais firmes, dê uma olhada neles na marca de 20 minutos e decida se estão prontos o suficiente para você.

Ao retirar a panela do forno, regue novamente os tomates.

FAZ 6 PORÇÕES

SERVINDO
Não consigo pensar em nenhum prato que não combine com esses tomates, desde omeletes e saladas até frango assado, costeletas e vegetais. Você pode servir tomates provençais como acompanhamento, mas como ficam muito bons em temperatura ambiente, ficam ótimos em um bufê ou em uma cesta de piquenique, ou levados para a casa de um amigo para uma refeição festiva. Picados grosseiramente, os tomates e o óleo formam um molho muito bom para macarrão.

ARMAZENAMENTO
Os tomates podem ser cobertos e guardados na geladeira durante a

noite; sirva frio, deixe-os atingir a temperatura ambiente ou reaqueça-os delicadamente.

BONNE IDÉE

Tomate Provençal Tian. O nome do tian vem do prato de cerâmica, como um prato fundo de torta, que contém os tomates. Corte os tomates em três partes e arrume-os em círculos ligeiramente sobrepostos em uma forma de torta de 23 cm untada com óleo. (Você pode precisar de mais ou menos de 6 tomates.) Cubra os tomates com a mistura de ervas e alho (pode precisar de um pouco mais), regue generosamente com azeite e leve ao forno. Se quiser, alguns minutos antes de os tomates estarem prontos para sair do forno, polvilhe o topo do tian com parmesão ralado ou Gruyère. Para um topo mais dourado, coloque a assadeira sob a grelha antes de servir. Se usar o queijo, o prato fica melhor servido quente do que frio.

Cantarelos com Napa e Nozes

ESTE PRATO VEM DO LA FERRANDAISE, um bistrô maravilhoso na esquina do nosso apartamento. Chanterelles, os cogumelos dourados em forma de leque e caule fino, conhecidos como girolles na França, são rapidamente salteados, cozidos até ficarem macios em caldo e depois cobertos com repolho Napa finamente ralado, avelãs picadas e salsa fresca. A couve, tão inesperada, é doce e ousada, as nozes são um pouco crocantes e a salsa acrescenta alguma frescura. No La Ferrandaise, os cogumelos são cozidos em jus de viande, um caldo rico e carnudo que os chefs têm sempre à mão. Em casa, para manter a rapidez no preparo do prato, bem como o sabor e o espírito, utilizo um caldo de carne feito com aquele atalho francês mais confiável, um cubo de caldo de carne, que fortifiquei com uma gota de molho de soja.

Quando comi este prato pela primeira vez, foi como entrada - os cogumelos foram colocados em um prato de sopa e apresentados sozinhos - mas também fica bom servido junto com algo substancial. Na verdade, com apenas uma mudança de caldo, de carne bovina para frango, o prato passa de profundo e escuro para macio e claro, e de perfeito com um grande assado para perfeito com frango ou peixe; veja Bonne Idée para saber como fazer.

Este prato foi criado para chanterelles e fica muito melhor com eles. No entanto, se não houver chanterelles disponíveis, você pode fazer o prato com cogumelos selvagens variados ou até cogumelos brancos, qualquer um dos quais pode não cozinhar da mesma forma que os chanterelles, então esteja preparado para fazer ajustes nas quantidades de óleo e líquido necessário.

¾   libra de chanterelles
½   cubo de caldo de carne
½   xícara de água fervente

     Pouca ½ colher de chá de molho de soja

1-2 colheres de sopa de azeite extra-virgem
1   chalota, finamente picada, enxaguada e seca

Sal e pimenta moída na hora

⅓   xícara de repolho Napa picado finamente
2   colheres de sopa de avelãs torradas picadas
1   colher de sopa de salsa fresca picada

Se os seus cogumelos não estiverem muito sujos, você pode limpá-los com uma pequena escova, um pano úmido ou papel toalha. Se estiverem muito sujos, pode ser necessário enxaguá-los – apenas seque-os bem. Apare a parte inferior dos caules se parecerem duros e se os cogumelos forem muito grandes, corte-os ao meio no sentido do comprimento. Dissolva o cubo de caldo de carne na água fervente e junte o molho de soja.

Despeje 1 colher de sopa de óleo em uma frigideira grande ou, melhor ainda, em uma wok (ou panela em formato de wok) e aqueça em fogo médio. Adicione a chalota e cozinhe, mexendo, até amolecer, cerca de 2 minutos. Aumente o fogo para médio-alto e, se a panela parecer seca, acrescente mais um pouco de óleo. Adicione os cogumelos e mexa para cobri-los com óleo. Tempere com sal e pimenta e refogue os cogumelos por um minuto, depois acrescente o caldo e deixe ferver. Se os cogumelos não soltarem muito líquido, cozinhe-os, tapados, durante cerca de 2 minutos, até ficarem macios; se desistirem de muito líquido, cozinhe-os descobertos. (Se você tiver muito líquido, incomum, mas possível, retire os cogumelos com uma escumadeira e reduza o líquido. Depois, ao adicionar o repolho, coloque os cogumelos de volta na panela.) Em ambos os casos, no ponto onde os cogumelos oferecem um pouco de resistência quando picados com a ponta de uma faca, 2 a 3 minutos de cozimento, descubra-os se estiverem cobertos e ferva o caldo até restarem apenas algumas colheres de sopa. Adicione o repolho e mexa para misturar. Cozinhe por cerca de 30 segundos, desligue o fogo, junte as avelãs e a salsa e sirva.

FAZ 4 PORÇÕES DE ACOMPANHAMENTO OU INICIAL

SERVINDO
Você precisa levar os cogumelos à mesa rapidamente, pois é melhor

servi-los quentes. Se, por algum motivo, eles tiveram que esperar, você pode reaquecê-los muito rapidamente (consulte Armazenamento) para trazê-los de volta à temperatura. Sirva-os como acompanhamento de bifes, assados, carnes salteadas ou como entrada, caso em que pode adicionar um pufe de salada de ervas.

ARMAZENAMENTO
Melhor consumidos assim que estiverem prontos, os cogumelos podem ser reaquecidos rapidamente em uma frigideira em fogo alto, se necessário. Pode ser necessário adicionar um pouco mais de caldo ou um pouco de água.

BONNE IDÉE
Chanterelles para Frango ou Peixe. Substitua o caldo de carne por igual quantidade de caldo de frango e omita o molho de soja. Se desejar, você pode adicionar algumas uvas brancas à mistura: Corte as uvas ao meio e semeie. Adicione-os quando os cogumelos estiverem quase macios e cozinhe por 1 minuto, depois prossiga com a receita.

Baby Bok Choy, Sugar Snaps e Alho em Papillote

Acho delicioso e estranho nunca ter servido baby bok choy em um
único jantar parisiense, já que é um vegetal que posso contar que
encontrará em quase todos os mercados. Quem, além de mim, está
comprando? Mais frequentemente usado na culinária chinesa, o baby
bok choy se adapta perfeitamente à técnica francesa de cozinhar en
papillote - o cozimento no vapor mantém a cor pálida celadon do bok
choy, a delicadeza de suas folhas (adoro o leve enrolamento em suas
bordas) e o firmeza de seu corpo bulboso. Embora você possa cozinhar
bok choy com aromas asiáticos - misture com soja, gengibre, alho e
uma gota de óleo de gergelim - gosto de dar um toque mais europeu na
primavera, fazendo-o compartilhar a bolsa com verde brilhante
pedaços de açúcar, cebolas brancas e fatias finas de alho. Terminar
com azeite, hortelã e raspas de laranja faz com que esta pura invenção
tenha o sabor de ter vindo de algum lugar ao longo da fronteira franco-
italiana.

32 ervilhas
2 bebê Bok choy
12 cebolas brancas baby, cortadas ao meio
1 dente de alho, descascado

Raspas de ½ laranja pequena

4 colheres de chá de azeite
**4 raminhos de hortelã, além de (opcional) hortelã fresca
picada para enfeitar**

Sal e pimenta moída na hora

Centralize uma gradinha no forno e pré-aqueça o forno a 400 graus F.
Corte quatro quadrados de 12 polegadas de papel alumínio
antiaderente e tenha uma assadeira à mão.

Se necessário, amarre os pedaços de açúcar puxando o pedacinho
de "corda" que sai de uma das pontas da ervilha e, em seguida, puxe o
barbante pelo topo da vagem. Corte os pedaços de açúcar ao meio e

jogue-os em uma tigela. Corte o bok choy longitudinalmente e coloque na tigela, junto com as cebolas.

Se quiser, você pode picar o alho bem fino, mas prefiro fatiar. Se você usar uma mandolina de alho (uma mini mandolina), um cortador Benriner ou uma mandolina normal, você obterá lindas fatias de alho finas como pétalas; se você não tiver mandolina, corte o alho em lascas com uma faca pequena e bem afiada. Jogue o alho na tigela. Quanto às raspas de laranja, gosto de ter tiras finas de raspas para este prato, então uso um zester – um pequeno raspador com pequenos furos na parte superior que remove as raspas em fios – mas você pode remover as raspas com um descascador de legumes e pique, ou você pode ralar. Coloque as raspas na tigela, despeje o azeite, acrescente os raminhos de hortelã e tempere generosamente com sal e pimenta.

Coloque uma quantidade igual da mistura no centro de cada pedaço de papel alumínio. Desenhe as bordas do papel alumínio e feche bem os pacotes, mas não amasse o papel alumínio muito perto dos vegetais - você deve deixar espaço ao redor dos ingredientes para que possam cozinhar no vapor. Coloque os pacotes na assadeira.

Asse os papillotes por 15 minutos ou até que o bok choy esteja macio – abra um pacote com cuidado e pique um pedaço com a ponta de uma faca para testar.

Sirva os legumes em pacotes ou coloque-os em tigelas individuais. Coloque uma tigela de hortelã fresca picada sobre a mesa, se desejar, para que cada porção possa ser decorada a gosto.

FAZ 4 PORÇÕES

SERVINDO
Os legumes devem ser servidos assim que retirar os pacotes do forno. Você pode colocar cada pacote em um prato ou prato de sopa raso e abri-los na mesa, ou pode abri-los na cozinha e colocá-los no prato ali. Tenha hortelã fresca picada para polvilhar cada porção na mesa, se desejar. Embora seja perfeito como acompanhamento - é particularmente bom com peixe - acho que é tão bonito e saboroso que costumo servi-lo como entrada.

ARMAZENAMENTO

Você pode montar os pacotes com algumas horas de antecedência e refrigerá-los; basta adicionar mais um ou dois minutos ao tempo do forno.

Panquecas de acelga suíça

MEU AMIGO DIDIER FRAYSSOU, um mestre do vinho que consegue combinar qualquer prato com seu vinho de alma gêmea, tem uma qualidade que adoro nos homens franceses: um paladar sofisticado e um amor pela comida caseira de sua mãe. Acho que não o conhecia nem cinco minutos antes de ele começar a me contar sobre o farçous de sua mãe, um tipo de crepe ou galette carregado de verduras, principalmente acelga. Didier vem de Laguiole, na Auvergne, mas os farçous são um produto básico em todo o sudoeste da França, onde todas as mães têm seu próprio jeito de prepará-los.

Nos lares franceses, os farçous são um prato principal robusto, geralmente servido com salada. Servidas no jantar, as panquecas costumam ser bem grandes, às vezes até do tamanho de uma frigideira, mas podem ser menores (minha preferência) e servidas como aperitivo, entrada ou acompanhamento. E embora eu tenha certeza de que as mães de toda a França insistem que sua combinação de acelga e ervas é a melhor (se não a única aceitável), tenho igualmente certeza de que cozinheiros econômicos variam a receita sem desculpas, acrescentando todas as ervas que puderem. corte do jardim ou vasculhe a geladeira e opte por outra cebola em vez de chalota, se tiver em mãos. Gosto de adicionar salsa e cebolinha às panquecas, mas se você preferir alecrim ou tomilho, ou se preferir manjericão ou sálvia, fique à vontade para brincar. Tenho certeza de que em algum lugar do livro de regras diz que farçous só pode ser feito com acelga, mas o espinafre, por mais pouco ortodoxo que seja, também é muito bom.

Isso rende muitas panquecas, mas congelam perfeitamente, então sempre faço a receita completa. Se você acha que isso vai ser demais para você, corte a receita ao meio e use 1 ovo e 1 gema.

2	**xícaras de leite integral**
2½	**Xícaras de farinha de trigo**
3	**ovos grandes**
1	**cebola pequena, picada grosseiramente**
1	**chalota, picada grosseiramente, enxaguada e seca**
2	**dentes de alho, partidos, germes removidos e picados grosseiramente**

Folhas de 10 raminhos de salsa

10 cebolinha fresca, cortada

Sal e pimenta moída na hora

5 folhas grandes ou 10 pequenas de acelga, costelas centrais removidas, lavadas e secas

Cerca de ½ xícara de semente de uva, amendoim ou óleo vegetal

Pré-aqueça o forno a 250 graus F. Forre uma assadeira com papel alumínio e forre um prato com papel toalha.

Coloque tudo, exceto a acelga e o óleo, no liquidificador ou processador de alimentos, temperando generosamente a mistura com sal e pimenta e bata até obter uma massa homogênea. (Se a sua máquina não aguenta essa quantidade, trabalhe aos poucos.) Aos poucos, acrescente a acelga à mistura e bata para incorporar. Não há necessidade de pulverizar a acelga – ter alguns fios é bom.

Despeje ¼ a ½ polegada de óleo em uma frigideira grande e coloque-a em fogo médio-alto. Quando o óleo estiver quente (uma gota de massa deve grudar imediatamente), coloque ¼ xícara de massa para cada panqueca - não encha a panela: dependendo do tamanho da panela, provavelmente 4 panquecas é o máximo por lote. Cozinhe as panquecas por cerca de 3 minutos, até que a parte inferior esteja bem dourada e as bordas estejam douradas e enroladas. Vire as panquecas e cozinhe por mais 2 minutos ou mais. Transfira as panquecas para o prato forrado com papel toalha, cubra com mais toalhas e retire o excesso de óleo. Coloque-as na assadeira forrada com papel alumínio e mantenha-as aquecidas no forno enquanto continua a fazer panquecas, adicionando mais óleo à assadeira conforme necessário.

FAZ CERCA DE QUARENTA PANQUECAS DE 5 POLEGADAS; 12 PORÇÕES DE ACOMPANHAMENTO OU ENTRADA OU 8 PORÇÕES DE PRATO PRINCIPAL

SERVINDO
Tradicionalmente, os farçous são servidos com salada como prato principal, mas você pode servir menos por porção como entrada ou omitir a salada e servi-los como acompanhamento. Se quiser servir o

farçous como aperitivo, você pode incluir um molho ou cobertura de crème fraîche, cervelle de canut ([>]) ou iogurte natural. Você também pode regá-los com um pouco de coulis de manjericão ou salsa (ver Bonne Idée,[>])—eles realmente não precisam do coulis, mas é uma boa combinação.

ARMAZENAMENTO
Você pode fazer os farçous com algumas horas de antecedência, mantê-los cobertos em temperatura ambiente e reaquecê-los no forno convencional ou no micro-ondas antes de servir. Ou você pode embalá-los hermeticamente (certifique-se de separá-los com pequenos quadrados de cera ou papel manteiga) e congelá-los e reaquecê-los conforme necessário.

Abóbora Mascavo e Couve de Bruxelas em Papillote

É FÁCIL DEIXAR-SE LEVAR pelos mercados de Paris. Tudo é exibido de forma tão atraente e enquanto você espera pelo vendedor, você observa o que todo mundo está comprando, conversa com algumas pessoas, espia uma ou duas coisas no fundo da barraca - e então, quando chega a sua vez, você compre muito pouco que está na sua lista e tudo o que chamou sua atenção nos últimos minutos. É assim que você acaba com um pouco disso e daquilo na caixa de legumes, e é assim que novos pratos são criados. Como você pode ver na lista de ingredientes, este prato foi criado no final do outono. O que mais me agradou nesse lado fortuito foi o jogo entre o terreno e o doce. Acho que nunca teria juntado a abóbora e a couve de Bruxelas se não estivessem colocadas no lixo lado a lado. E foi apenas um golpe de sorte que eu comi uma maçã e uma sálvia fresca, que fica perfeita com vegetais e frutas.

1   libra de abóbora descascada, em cubos
16 couves de Bruxelas pequenas, cortadas pela metade
1   maçã, descascada, sem caroço e em cubos
4   colheres de chá de azeite

    Sal e pimenta moída na hora

1   colher de chá de açúcar mascavo ou mais a gosto
4   folhas frescas de sálvia

Pré-aqueça o forno a 400 graus F. Corte quatro quadrados de 12 polegadas de papel alumínio antiaderente e tenha uma assadeira à mão.

Misture a abóbora, a couve de Bruxelas, a maçã e o azeite em uma tigela. Tempere com sal e pimenta e coloque uma quantidade igual da mistura em cada pedaço de papel alumínio. Polvilhe um pouco de açúcar mascavo sobre cada pacote (você pode usar mais açúcar mascavo, se quiser) e cubra com uma folha de sálvia. Desenforme as bordas do papel alumínio e feche bem os pacotes, deixando espaço ao redor dos ingredientes para que possam cozinhar no vapor. Coloque os pacotes na assadeira.

Asse por 25 minutos ou até que os legumes estejam macios. Você pode abrir um pacote para testar.

FAZ 4 PORÇÕES

SERVINDO
Os vegetais devem ser servidos assim que estiverem cozidos. Você tem uma escolha: pode abrir os pacotes na cozinha e colocar os legumes e seu molho nos pratos ou levar os pacotes lacrados para a mesa nos pratos e deixar que cada convidado tenha o prazer de saborear aquela primeira baforada perfumada de vapor que é liberado quando o selo é quebrado.

ARMAZENAMENTO
Você pode fazer os pacotes com algumas horas de antecedência e guardá-los na geladeira; asse diretamente da geladeira, acrescentando alguns minutos ao tempo de cozimento.

Alcachofras de Jerusalém Assadas com Alho

POR MOTIVOS QUE NÃO ESTÃO CLAROS PARA MIM, as alcachofras de Jerusalém geralmente são purificadas. Eles são passados por um moinho de alimentos ou batidos em uma batedeira e servidos como purê de batata ou purê em uma sopa (veja[>]para uma das minhas sopas favoritas de alcachofra de Jerusalém). Esses vegetais nodosos, que se parecem um pouco com parentes mais escuros e de pele mais áspera do gengibre, são vendidos principalmente sob o nome de sunchokes nos Estados Unidos - na verdade, são tubérculos de girassol. Quando são purê, você percebe o sabor da alcachofra, mas quando são torrados são mais difíceis de localizar: seu sabor é principalmente tostado e doce, e sua textura, tão crocante quando crua, torna-se macia e leve, como o dentro de uma batata frita perfeitamente cozida.

Para este prato, as alcachofras assadas são combinadas com outro ingrediente saboroso: o alho. Quando você corta o alho em pétalas translúcidas (faço isso com uma pequena mandolina feita especificamente para alho ou com um fatiador Benriner), ele fica dourado e crocante no forno e sai com o sabor do melhor lanche que você já comeu. É tentador querer tirar as pétalas da assadeira e mordiscá-las, mas não o faça - por mais que fiquem sozinhas, ficam muito melhores com seu companheiro culinário, as sunchokes.

1¼	libras de alcachofras de Jerusalém (sunchokes), bem esfregadas
	Cerca de 2 colheres de sopa de azeite
4	dentes de alho, partidos, germes removidos e fatiados muito finos (veja acima)
4	raminhos de tomilho
4	Ramos de alecrim
	Sal e pimenta moída na hora

Centralize uma gradinha no forno e pré-aqueça o forno a 400 graus F.
Unte levemente com óleo uma forma de torta de 23 cm ou uma
assadeira de tamanho semelhante.

Este prato fica realmente melhor se você descascar as alcachofras
de Jerusalém, um trabalho que pode ser um pouco complicado. É mais
fácil descascar os pedaços retorcidos com um descascador de vegetais
de lâmina giratória (ou seja, um descascador com lâmina que se
move), para que possa entrar e sair dos cantos e recantos das
alcachofras. Se tudo o que você tem é um descascador de lâmina fixa,
faça o melhor que puder sem enlouquecer e deixe a casca que for
muito difícil de alcançar - a casca é comestível, então não se preocupe
quanto a isso. Corte as sunchokes em quartos. Cortei em quartos
longitudinais, mas você pode cortá-los transversalmente se preferir
esse visual.

Coloque todos os ingredientes na forma de torta - seja generoso
com o sal e a pimenta - e, com as mãos, misture tudo até que as fatias
de alcachofra fiquem brilhando com azeite.

Asse por 35 a 45 minutos, virando as alcachofras uma vez após
20 minutos, se você pensar bem, até que estejam levemente douradas
nas pontas e você possa furar facilmente o meio com a ponta de uma
faca pequena.

FAZ 4 PORÇÕES

SERVINDO
Estes devem ser servidos quentes, saindo do forno. Se os
estrangulamentos parecerem um pouco secos para você, regue-os com
um pouco de azeite extra-virgem ou deixe que seus convidados façam
isso sozinhos.

ARMAZENAMENTO
O melhor é apreciá-los recém-assados.

Purê de raiz de aipo que acompanha tudo

OITO EM DEZ VEZES, quando colho raiz de aipo num mercado nos Estados Unidos, alguém me pergunta o que é. Raramente vejo receitas e não me lembro de quando alguma vez me serviram raiz de aipo na casa de um amigo. Não é assim na França, onde o sabor doce, fresco e um pouco verde da raiz de aipo é valorizado, principalmente por seu papel na céleri rémoulade (raiz de aipo ralada misturada com um molho picante de maionese), mas também em sopas e ensopados. - pode ser adicionado a qualquer ensopado em que você use outras raízes, como batatas, nabos ou pastinacas.

Para esta receita, a raiz de aipo é cozida e depois batida no processador de alimentos. O resultado é um purê suave de marfim com um sabor suave e surpreendente – você vai pensar que é aipo, mas não terá certeza. Por ter sabor sutil, complexo e um pouco adocicado, o purê é o acompanhamento perfeito para peixes, carnes ou aves, seja um prato principal robusto e de grande sabor ou leve e suave.

3 **xícaras de leite integral**

3 **copos de água**

Sal

2 **raízes de aipo, cerca de 1¼ libra cada, descascadas e cortadas em cubos de 5 cm**

1 **batata média Idaho (russet) (cerca de 10 onças), descascada e cortada em cubos de 5 cm**

1 **cebola pequena, cortada em quartos**

5 **colheres de sopa de manteiga sem sal, cortada em 5 pedaços, em temperatura ambiente**

Pimenta branca moída na hora

Cebolinha fresca cortada, óleo de pistache (ver fontes[>]), ou manteiga dourada (veja abaixo), para servir (opcional)

Leve o leite, a água e 1 colher de sopa de sal para ferver em uma panela grande - fique de olho na panela, porque o leite tem tendência a borbulhar furiosamente. Coloque a raiz de aipo, a batata e a cebola, ajuste o fogo para que o líquido ferva continuamente e cozinhe por cerca de 30 minutos ou até que os vegetais estejam macios e possam ser facilmente perfurados com a ponta de uma faca. Escorra, descarte o líquido e agite bem a peneira para retirar o máximo de líquido possível.

Em um processador de alimentos, em lotes se necessário, bata os vegetais até ficarem perfeitamente homogêneos. Adicione a manteiga e bata até incorporar completamente. Prove e adicione sal e pimenta branca conforme necessário.

Transfira o purê para uma tigela quente e, se desejar, cubra com uma generosa chuva de cebolinhas picadas ou um fiozinho de óleo de pistache ou manteiga cozida em fogo baixo até a cor ficar marrom mel. Sirva imediatamente.

FAZ 6 PORÇÕES

SERVINDO
Assim como o purê de batata, esse purê fica bem servido em uma tigela que pode ser passada à mesa, mas, novamente como o purê de batata, também é uma boa base, então pense nisso quando quiser servir um prato principal de um prato - você Nunca pode dar errado com uma combinação como purê de raiz de aipo coberto com costelas.

ARMAZENAMENTO
As sobras de purê podem ser refrigeradas por até 3 dias ou embaladas hermeticamente e congeladas por até 2 meses. Para reaquecer, aqueça o purê em banho-maria ou no micro-ondas.

---

purê de batata

o meu, o do Michael e o do chef Borgonha

Na nossa casa é meu marido quem costuma fazer o purê de batata, ou o que os franceses chamam de purê. (Não importa que quase todas as frutas ou vegetais possam ser transformados em purê; quando você ouve a palavra na França, é provável que haja batatas envolvidas.)

Minha receita é simples: para 4 pessoas, pego cerca de 2 quilos de batatas Idaho (russet) ou Yukon Gold, descasco-as, corto-as em pedaços e cozinho-as em uma panela grande com água fervente generosamente salgada. Quando estão macios o suficiente para quebrar ao serem picados com uma faca, eu os escorro, coloco de volta na panela e jogo em fogo baixo para secar. Para amassá-los, eu uso um moinho de alimentos, que é o que muitos dos meus amigos franceses usam, ou um espremedor, uma ferramenta que transforma batatas cozidas comuns em fios curtos, parecidos com arroz e fofos.

Seguindo o conselho que ouvi de Julia Child pela primeira vez, misturo leite morno nas batatas. (A quantidade depende um pouco das suas batatas e principalmente da consistência que você deseja, mas tenha pelo menos ½ xícara à mão.) Depois, quando as batatas estão do jeito que eu gosto, começo a adicionar manteiga, uma colher de sopa de cada vez, saboreando como Eu vou e geralmente não passo de 3 a 4 colheres de sopa.

Michael, porém, acha que minhas batatas não são ricas o suficiente. Gosto de um purê que retenha um pouco de amido e granulação, enquanto ele gosta que fique perfeitamente macio, o tipo de suavidade que você só consegue se for perdulário com a manteiga e despreocupado com o creme. Quando Michael está no KP, ele ferve as batatas do mesmo jeito que eu, mas ele as amassa usando o batedor em formato de pá. Onde eu coloco leite, ele coloca creme de leite, muito, já que gosta do purê bem ralo. Por fim, entra a manteiga, novamente, em grande quantidade, geralmente o dobro do que adiciono, tornando as batatas ligeiramente elásticas e extremamente luxuosas.

O ideal platônico de purê de batata de Michael é o purê que comemos em um restaurante extinto perto de Beaune, na Borgonha. Ele os amou tanto que pediu segundos e implorou ao proprietário que nos contasse o segredo do chef pela riqueza e suavidade surpreendente. "É simples", disse ela, "o purê tem mais manteiga do que batata!"

Se você estiver hesitante, basta adicionar tanta manteiga quanto sua consciência permitir, depois fechar os olhos e, enquanto acrescenta mais um ou três tapinhas, pense no lendário chef Fernand Point. Seu princípio orientador também era simples: "Manteiga, manteiga e mais manteiga".

Matafan *(panquecas fofas de purê de batata)*

ENTRE PANQUECAS E BLINI, acompanhamento, lanche ou entrada, o matafan costumava ser comido de manhã na esperança de evitar o ronco na barriga antes do almoço. (Mat é a abreviação de matin, ou manhã, e fan é o que significa faim, a palavra para fome.) A primeira vez que fiz matafan, meu plano era servir as pequenas panquecas de purê de batata como aperitivo, algo assim. para beliscar vinho branco e ajudar todo mundo até o jantar, mas eles mal conseguiram sair da cozinha. Assim que eu virava um bolo da frigideira para um prato, alguém entrava na cozinha e o pegava. Eu os tinha feito do tamanho de um blini e queria servi-los com um pouco de crème fraîche e ovas de salmão, mas desisti quando Michael pegou o xarope de bordo (algo que sempre guardo em Paris) e começou a mergulhar o matafan nele. Confesso que foi uma ótima combinação.

Para obter a melhor textura, você deve usar batatas Idaho (russet), seguir as instruções e assá-las sobre uma cama de sal. Assar as batatas com sal as seca e facilita a mistura com os outros ingredientes. Tentei fazer matafan com batatas amarelas, especificamente Yukon Golds, e tentei ferver as batatas (muito mais rápido) e depois secá-las jogando-as em uma panela e leve ao fogo, mas as panquecas não eram as mesmas. Além disso, se você tiver um espremedor de batatas ou um moinho de alimentos, retire-o – ele lhe dará a melhor textura para esses bolos.

Sirvo mini matafan como aperitivo e em formato de panqueca como acompanhamento com qualquer coisa que tenha molho (fica ótimo com Boeuf à la Mode,[>]), e em qualquer tamanho como base para uma salada no almoço, quando coloco verduras temperadas em cima das panquecas.

Kosher ou outro sal grosso, para assar as batatas

2 batatas grandes de Idaho (russet) (1½ libra no total), esfregadas e secas

4 ovos grandes; 2 separados

½ xícara de farinha de trigo

¼ xícara de leite integral quente

Sal e pimenta branca moída na hora

Manteiga, para cozinhar as panquecas

Centralize uma gradinha no forno e pré-aqueça o forno a 400 graus F. Escolha uma assadeira pequena (ela precisa ser um pouco maior que as batatas) ou use uma assadeira de papel alumínio e despeje 10 cm de sal kosher. A cama de sal não precisa cobrir toda a panela; deve ser tão grande quanto as 2 batatas lado a lado, com um pouco de espaço para respirar entre elas. Coloque as batatas no sal.

Asse as batatas por 1 hora e meia - elas ficarão bem secas e a casca muito dura. Coloque as batatas em uma gradinha e, assim que puder manuseá-las, corte-as ao meio e retire a polpa. Passe as vísceras da batata por um espremedor ou moinho de alimentos - primeiras escolhas - em uma tigela, ou passe a polpa por uma peneira (tedioso, mas eficaz).

Com uma espátula resistente ou uma colher de pau, acrescente os 2 ovos inteiros e as 2 gemas, um de cada vez. Junte metade da farinha, seguida de todo o leite morno e depois a última farinha. Tempere generosamente a massa com sal e pimenta branca.

Na batedeira, bata as 2 claras em neve com uma pitada de sal até formar picos firmes, mas ainda brilhantes. Misture cerca de um quarto das claras na massa matafan, depois adicione as claras restantes à tigela e envolva-as delicadamente. (Você pode cobrir a massa neste momento e resfriá-la por algumas horas).

Quando estiver pronto para cozinhar o matafan, coloque uma frigideira de fundo grosso, de preferência antiaderente, ou uma frigideira em fogo médio. Coloque 2 colheres de chá de manteiga na frigideira ou passe manteiga levemente na frigideira e, quando as bolhas diminuirem, comece a fazer as panquecas. Para bolos de tamanho normal, use cerca de ¼ xícara de massa; para panquecas do tamanho de blini, use cerca de 2 colheres de sopa. Coloque a massa na assadeira (ou na frigideira) - empurre delicadamente para arredondar os bolos - e cozinhe por 2 minutos ou até que as bolhas que se formam no topo das panquecas estourem, depois vire os bolos e cozinhe por outro minuto, ou até que a parte inferior esteja bem dourada. Transfira

as panquecas prontas para um prato, cubra-as com papel alumínio e
continue virando os bolos até usar toda a massa. (Se quiser mantê-los
até a hora de servir, você pode mantê-los no forno a 200 graus F por
cerca de 20 minutos.)

FAZ 4 PORÇÕES DE ACOMPANHAMENTO OU 8 PORÇÕES DE HORS-D'OEUVRE

SERVINDO
Matafan deve ser servido quente, embora não perca o apelo quando
está quente. Se você está servindo matafan como acompanhamento,
não precisa fantasiá-los, embora uma pincelada rápida de manteiga
derretida nunca tenha feito mal a nada. E, como meu marido lhe dirá,
eles não são tão ruins com xarope de bordo. Se for servi-los como
aperitivo ou até mesmo como entrada, você pode cobri-los com crème
fraîche e caviar, uma colher de cervelle de canut ([>]), um pouco de
queijo cottage e pimenta moída, ou uma salada verde temperada com
um vinagrete picante.

ARMAZENAMENTO
Você pode manter a massa na geladeira por algumas horas e, depois
que as panquecas estiverem prontas, você pode mantê-las aquecidas
em um forno a 200 graus F por cerca de 20 minutos, se cobri-las com
papel alumínio. Você também pode embalar as panquecas
hermeticamente - certifique-se de separá-las com folhas de cera ou
papel manteiga - e congelá-las por até 2 meses. Descongele-os na
bancada ou no micro-ondas e aqueça-os em forno moderado ou, para
ficarem um pouco crocantes, coloque-os na torradeira.

Batatas Assadas em Caldo

PENSE NESTES COMO BATATAS COZIDAS ENERGIZADAS.
Obtêm as mesmas notas altas das batatas cozidas por combinarem bem
com outras e pontos extras por terem mais sabor, já que são cozidas
em caldo de galinha com alho, ervas, raspas de limão e azeite. O caldo
e outros realçam a doçura das batatas e acrescentam um toque de
intriga a um prato confiável. Este tratamento funciona melhor com
batatas pequenas, como alevinos, baby Yukon Golds ou batatas novas,
mas você pode cortar batatas maiores em cubos menores.

1	xícara de caldo de galinha
½	copo de água
1	colher de sopa de azeite extra-virgem
2	dentes de alho, divididos e germes removidos
1	tirar raspas de limão
1	folha de louro
2	raminhos de tomilho ou alecrim ou 2 folhas frescas de sálvia
	Sal e pimenta moída na hora
12	alevinos, batatas novas ou baby, esfregadas ou descascadas e cortadas ao meio (ou cerca de 1¼ libra de batatas Yukon Gold grandes, descascadas e cortadas em cubos de cerca de 3 polegadas)

Coloque todos os ingredientes, exceto as batatas, em uma panela
média com tampa, temperando bem o caldo com sal e pimenta. Deixe
ferver, tampe, reduza o fogo e cozinhe por 5 minutos. Adicione as
batatas, tampe e cozinhe até que possam ser facilmente perfuradas com
a ponta de uma faca, cerca de 15 minutos. O tempo varia de acordo
com o tipo e tamanho das batatas, portanto verifique um pouco antes
da marca dos 15 minutos e verifique frequentemente depois.

Se quiser servir um pouco do líquido do cozimento com as
batatas, retire-as da panela com uma escumadeira - coloque-as em uma
tigela quente e cubra-as - e aumente o fogo sob o caldo. Cozinhe o
caldo por alguns minutos, até reduzir um pouco e os sabores ficarem
mais concentrados. Prove o sal e pimenta.

SERVINDO
Embora as batatas refogadas sejam boas com qualquer tipo de carne assada ou grelhada, acho que são particularmente boas com alimentos "brancos", como frango ou filés de peixe suaves.

ARMAZENAMENTO
As batatas devem ser servidas assim que estiverem prontas. No entanto, se sobrar batatas, você pode usá-las em uma salada. Ou transforme-os em batatas fritas cortando-as em cubos menores e dourando-as em óleo com cebola picada e, se quiser, um pouco de bacon.

BONNE IDÉE
Funcho refogado em caldo. Apare 4 bulbos de erva-doce e corte-os ao meio, ou corte 2 bulbos pequenos de erva-doce e corte-os em quatro no sentido do comprimento e refogue-os da mesma forma que as batatas. A erva-doce geralmente cozinha mais rápido do que as batatas, então verifique a maciez após 10 minutos.

Batata Doce Salgada Longe

O CLÁSSICO FAR BRETON, um bolo cremoso com ameixas, passas
e rum, é um dos meus favoritos desde que um amigo nosso do sul da
Bretanha o preparou para nós, há mais de trinta anos. Até uma recente
viagem à região, eu não fazia ideia que a distante tinha uma irmã
salgada. A base continua a ser uma massa de crepe e ainda há ameixas
e passas, mas em vez de açúcar há pedaços de bacon e muita batata
ralada. É um acompanhamento substancial - um pouco como um kugel
alemão - que combina surpreendentemente bem com pratos tão
variados como ensopado de carne picante e salmão simplesmente
grelhado, mas é tão delirantemente peculiar que, desde que o descobri,
tenho servido com um salada e chamá-lo de jantar.

Eu costumo assar em um prato fundo de torta de pirex, mas se
você tiver uma cerâmica para ir ao forno ou um prato de cerâmica de
volume semelhante, use-o - você vai adorar a forma como fica
dourado, inchado e ligeiramente áspero. o frasco coberto parece um
prato rústico.

¼	libra de bacon, cortado em toucinhos (pedaços com cerca de 2,5 cm de comprimento e ¼ a ½ polegada de espessura)
1¾	Xícaras de farinha de trigo
1⅓	xícaras de leite integral
2	ovos grandes
½	colher de chá de sal
¼	colher de chá de pimenta moída na hora
1¼	libras de batatas multiuso, esfregadas ou descascadas e raladas grosseiramente em uma tigela
8	Ameixas gordas e úmidas sem caroço, cortadas ao meio
⅔	xícara de passas gordas e úmidas
2	colheres de sopa de manteiga fria, de preferência com sal

Centralize uma gradinha no forno e pré-aqueça o forno a 425 graus F.
Forre uma assadeira com uma esteira de silicone ou papel manteiga.
Unte generosamente com manteiga uma forma de torta funda de 23 cm
(ou uma assadeira de tamanho semelhante; a capacidade de 2 litros é
adequada); coloque a assadeira na assadeira.

Coloque uma frigideira pesada em fogo médio-baixo e misture os
palitos de bacon. Cozinhe lentamente, virando conforme necessário,

até que a banha esteja bem dourada. Retire a banha da panela e escorra sobre uma camada dupla de papel toalha.

Numa tigela coloque a farinha, o leite, os ovos, o sal e a pimenta e bata com um batedor de arame até obter uma massa sem grumos. Retire as batatas raladas da tigela, aperte-as delicadamente entre as mãos - você quer livrá-las do excesso de umidade, não embalá-las - e misture-as na massa. Adicione a banha, as ameixas e as passas, mexa para misturar e vire a massa na assadeira preparada. Corte 1 colher de sopa de manteiga em pedaços e espalhe-os bem.

Asse por 45 minutos e depois abaixe a temperatura do forno para 350 graus F. Corte a colher de sopa restante de manteiga em pedaços, polvilhe o topo da forma com a manteiga e continue assando por mais cerca de 30 minutos. Quando terminar, a parte superior estará dourada (se parecer que a parte distante está dourando muito rapidamente, cubra-a frouxamente com uma tenda de papel alumínio), a manteiga estará borbulhando em todas as bordas e uma faca inserida no centro da parte distante sairá limpo.

Retire do forno e sirva imediatamente.

FAZ 6 A 8 PORÇÕES DE ACOMPANHAMENTO OU 3 OU 4 PORÇÕES DE PRATO PRINCIPAL

SERVINDO
O far deve ser servido bem quente, como acompanhamento ou como prato principal de uma refeição casual.

ARMAZENAMENTO
Embora longe seja melhor logo após ser feito, as sobras podem ser mantidas cobertas na geladeira ou no balcão durante a noite e servidas em temperatura ambiente no dia seguinte.

Batata gratinada*(Pommes Dauphinois)*

DEPOIS DE POMMES FRITES (batatas fritas, ver caixa,[>]), este pode ser o prato de batata mais famoso da França. Embora a receita de pommes dauphinois possa ter alguns floreios, ela é básica: camadas de batatas em fatias finas embebidas em creme, cobertas com queijo e assadas até que as batatas absorvam o creme e o queijo derreta e borbulhe e forme uma pequena crosta, ou gratinado.

O gratinado é nomeado e reivindicado pela antiga província francesa de Dauphiné (agora parte da Borgonha), mas sua reputação é internacional e sua popularidade extrema, especialmente em climas frios. Quando estávamos em Megève, uma vila de esqui perfeita nos Alpes franceses, quase todos os pratos, não importa quais fossem, vinham acompanhados de uma boa porção de pommes dauphinois. E, caso você esteja se perguntando, uma porção de batata gratinada, mesmo que pequena, é pesada - é a natureza do prato e parte do que o torna tão extremamente satisfatório. Além disso, se você passou o dia inteiro percorrendo os Alpes, batatas, creme e queijo são exatamente o que você precisa.

Não há realmente nenhuma razão para embelezar este prato, mas também não há razão para não fazê-lo, já que batatas e creme combinam muito bem com tantas coisas, como cogumelos, espinafre ou queijo para acompanhar. Veja Bonne Idée para algumas sugestões para personalizar o gratinado (e talvez usar algumas sobras no processo).

1¾	**xícaras de creme de leite**
3	**dentes de alho, divididos, germes removidos e picados finamente**
2-2¼	**libras de batatas Idaho (russet)**
	Sal e pimenta moída na hora
	Creme light ou leite integral, se necessário
	Raminhos pequenos de tomilho ou alecrim (opcional)

¼ **libra de queijo, de preferência Gruyère, ralado (cerca de 1 xícara)**

Centralize uma gradinha no forno e pré-aqueça o forno a 350 graus F. Forre uma assadeira com uma esteira de silicone ou pergaminho. Unte generosamente com manteiga uma forma de torta funda de 23 cm (uma forma de pirex é perfeita) ou outra assadeira de 2 litros e coloque-a na assadeira.

Coloque o creme de leite e o alho em uma panela e leve para ferver suavemente em fogo baixo. Mantenha-o aquecido enquanto prepara as batatas.

Se você tem uma mandolina ou um fatiador Benriner, agora é a hora de retirá-lo; caso contrário, você pode usar a lâmina fina de um processador de alimentos ou uma faca afiada e resistente. Uma por uma, descasque as batatas e corte-as em rodelas com cerca de ⅛ polegada de espessura. À medida que cada batata é cortada, arrume as fatias em círculos concêntricos ligeiramente sobrepostos na forma de torta (ou em fileiras, se a forma não for redonda), tempere com sal e pimenta e regue com um pouco do creme quente com infusão de alho, levemente pressionando as batatas com as costas da colher para que o creme passe por todas as fatias. Continue até encher a panela. Se você tem vergonha de um pouco de creme com infusão de alho - você quer que o creme apareça nas bordas da panela - despeje sobre um pouco de creme light ou leite. Se estiver usando ervas, espalhe-as sobre as batatas. Polvilhe o topo do gratinado com o queijo ralado.

Coloque o gratinado (na assadeira) no forno e leve ao forno por cerca de 45 minutos, depois verifique o gratinado: se você conseguir enfiar uma faca nas batatas e chegar facilmente ao fundo da assadeira, o gratinado está pronto; se as batatas precisarem de mais tempo, mas o gratinado estiver ficando muito dourado, cubra frouxamente com papel alumínio e leve ao forno até que as batatas estejam macias, 15 a 30 minutos.

Retire o gratinado do forno e deixe repousar num local bem quente (ou no forno desligado e com a porta aberta) durante 5 a 10 minutos antes de servir, só para as bolhas assentarem e as batatas absorverem. a quantidade máxima de creme.

SERVINDO
Leve o gratinado para a mesa para cortar - é bonito demais para deixar na cozinha.

ARMAZENAMENTO
Deve ser consumido logo depois de assado. Você pode reaquecê-lo, mas ele perderá um pouco da cremosidade e quase todo o brilho do queijo recém-derretido.

BONNE IDÉE
Se você quiser um toque de cor, substitua um ou dois Idaho por um peso igual de batata-doce ou coloque uma camada de espinafre ou acelga picados cozidos, cogumelos salteados ou pequenos floretes de brócolis cozidos no vapor. Pedaços de bacon cozido ou tiras de pancetta levemente salteadas também são opções naturais. E embora Gruyère ou Emmenthal sejam tradicionais, não há razão para não misturar as coisas e adicionar parmesão ou até mesmo um queijo azul, como o Gorgonzola. Se você tiver pedaços estranhos de queijo na geladeira, use Gruyère ou Emmenthal como base e adicione os outros queijos.

Couve Flor-Bacon Gratinado

SE OS FRANCÊS COMEMORARAM A AÇÃO DE GRAÇAS, tenho certeza que encontrariam um lugar à mesa para este gratinado. De confecção simples, apelativamente rústica e muito saborosa, pode acompanhar um prato principal ou, acompanhado de uma pequena salada (e talvez até um pouco de molho de cranberry), subir ao palco sozinho para um brunch, almoço ou jantar. A receita me foi dada há mais de vinte e cinco anos e, depois de prepará-la pela primeira vez, escrevi na margem que era um pouco parecida com uma quiche (na verdade é só a adição de farinha que a diferencia de uma quiche recheio) e em alguns aspectos como um pudim, por ser rico, macio e cremoso. É um clássico - era popular quando me foi passado pela primeira vez e é uma receita que ainda hoje é apreciada.

1   couve-flor
¼ libra de bacon, cortado transversalmente em tiras finas
⅓ xícara de farinha de trigo
5 ovos grandes, levemente batidos
1 xícara de creme de leite
⅔ xícara de leite integral

Sal e pimenta moída na hora

Noz moscada recém ralada

3 onças de Gruyère (você pode usar Emmenthal, ou mesmo suíço em uma pitada), ralado

Centralize uma gradinha no forno e pré-aqueça o forno a 425 graus F. Forre uma assadeira com uma esteira de silicone ou papel manteiga. Unte generosamente com manteiga uma assadeira com capacidade para cerca de 2½ litros. (Não é elegante e é um pouco grande demais, mas uma forma Pyrex de 9 x 13 polegadas serve.) Coloque o prato na assadeira.

Coloque uma panela grande com água salgada para ferver. Puxe ou corte as florzinhas da couve-flor, deixando cerca de 2,5 cm do caule. Coloque as florzinhas na água fervente e cozinhe por 10 minutos. Escorra, enxágue a couve-flor em água fria corrente para esfriar e seque. (Como alternativa, você pode cozinhar as florzinhas em água salgada. Quando estiverem macias, escorra e seque.)

Enquanto a couve-flor cozinha, coloque as tiras de bacon em uma frigideira pesada, leve a frigideira ao fogo médio e cozinhe até que o bacon esteja dourado, mas não crocante. Escorra e seque.

Espalhe a couve-flor na assadeira untada com manteiga e espalhe sobre os pedaços de bacon.

Coloque a farinha em uma tigela e misture gradualmente os ovos. Quando a farinha e os ovos estiverem misturados, acrescente o creme de leite e o leite. Tempere a mistura com sal, pimenta e noz-moscada e junte cerca de dois terços do queijo. Despeje a mistura sobre a couve-flor, sacuda um pouco a panela para que o líquido assente entre as florzinhas e espalhe sobre o queijo restante.

Asse o gratinado por cerca de 25 minutos ou até que esteja estufado e dourado e uma faca inserida no centro saia limpa. Se a parte superior não estiver tão marrom quanto você gostaria, coloque-a sob a grelha por alguns minutos.

FAZ CERCA DE 10 PORÇÕES DE ACOMPANHAMENTO OU 5 PORÇÕES DE PRATO PRINCIPAL

SERVINDO
O gratinado fica melhor só no forno ou quente, mas assim como a quiche, pode ser saboreado em temperatura ambiente. Sirva junto com qualquer coisa assada - fica bom com algo um pouco rico como um assado - ou acompanhe com uma salada e chame de jantar.

ARMAZENAMENTO
Você realmente deve comer o gratinado no dia em que for feito, mas se sobrar, cubra e leve à geladeira, depois deixe atingir a temperatura ambiente ou aqueça-os brevemente e delicadamente no forno ou micro-ondas.

BONNE IDÉE
Você pode substituir o bacon por cubos de presunto. Você certamente

pode adicionar ervas ou temperos à mistura – o tomilho é bom, mas o curry também. E você pode adicionar um vegetal acompanhante - cebolas salteadas rapidamente vêm à mente, mas não há razão para não deixar a couve-flor dividir o palco com seu primo mais colorido, o brócolis.

Abóbora Recheada com Tudo de Bom

POUCO DEPOIS DE RECEBER ESTA RECEITA, comecei a fazer uma lista de para quem a havia preparado - porque adorei tanto que tinha certeza de que, se não acompanhasse, acabaria servindo o prato para as mesmas pessoas repetidamente. A ideia veio da irmã da minha amiga Hélène Samuel, Catherine, cujo marido cultiva abóboras na sua quinta nos arredores de Lyon. Catherine me enviou um esboço encantador da receita e, assim que assei minha primeira abóbora, percebi que um esboço é o melhor que você pode fazer com este prato. É uma abóbora oca recheada com pão, queijo, alho e creme, e como as abóboras vêm em tamanhos imprevisíveis, os queijos e os pães diferem, e os tempos de cozimento dependem de quanto tempo leva para a abóbora ficar macia o suficiente para perfurar com um faca, ser preciso é impossível.

Como Catherine disse quando me entregou este favorito da família: "Espero que você faça bom uso da receita, sabendo que ela está destinada a evoluir... e talvez até a ser melhorada."

Bem, certamente tenho feito bom uso dele e ele evoluiu, embora não tenha certeza se foi melhorado, pois cada vez que faço é diferente, mas ainda assim maravilhoso. Meu palpite é que você terá a mesma sensação quando começar a brincar com esse "esboço". Veja Bonne Idée para algumas dicas sobre variações.

E por falar em brincar, você pode considerar servir junto com o peru do Dia de Ação de Graças ou até mesmo em vez dele - omita o bacon e você terá um ótimo prato principal vegetariano.

1 abóbora, cerca de 3 libras

 Sal e pimenta moída na hora

¼ libra de pão amanhecido, fatiado em fatias finas e cortado em pedaços de ½ polegada

¼ libra de queijo, como Gruyère, Emmenthal, cheddar ou uma combinação, cortado em pedaços de ½ polegada

2- dentes de alho (a gosto), partidos, germes removidos e
4   picados grosseiramente

4   tiras de bacon, cozidas até ficarem crocantes, escorridas e
     picadas (minha adição)

     Cerca de ¼ xícara de cebolinha fresca cortada ou
     cebolinha fatiada (minha adição)

1   colher de sopa de tomilho fresco picado (minha adição)

     Cerca de ⅓ xícara de creme de leite

     Pitada de noz-moscada ralada na hora

Centralize uma gradinha no forno e pré-aqueça o forno a 350 graus F. Forre uma assadeira com uma esteira de silicone ou pergaminho, ou encontre um forno holandês com um diâmetro um pouquinho maior que o da sua abóbora. Se você assar a abóbora em uma caçarola, ela manterá seu formato, mas poderá grudar na caçarola, então você terá que servi-la na panela - o que é uma maneira atraente e caseira de servi-la. Se você assar em uma assadeira, poderá apresentá-la independente, mas manobrar uma abóbora recheada pesada com casca amolecida não é tão fácil. No entanto, como adoro a aparência da abóbora livre no centro da mesa, sempre me arrisquei com o método assado na assadeira e, até agora, tive sorte.

Usando uma faca muito resistente - e com cuidado - corte uma tampa no topo da abóbora (pense na abóbora de Halloween). É mais fácil passar a faca no topo da abóbora em um ângulo de 45 graus. Você deseja cortar o suficiente da parte superior para facilitar o trabalho dentro da abóbora. Retire as sementes e os fios da tampa e de dentro da abóbora. Tempere generosamente o interior da abóbora com sal e pimenta e coloque na assadeira ou na panela.

Misture o pão, o queijo, o alho, o bacon e as ervas em uma tigela. Tempere com pimenta - você provavelmente tem sal suficiente do bacon e do queijo, mas experimente com certeza - e coloque a mistura na abóbora. A abóbora deve estar bem recheada - você pode ter recheio demais ou pode precisar adicionar mais. Misture as natas com a noz-moscada e um pouco de sal e pimenta e deite na abóbora. Novamente, você pode ter muito ou pouco - você não quer que os ingredientes mergulhem no creme, mas quer que eles fiquem bem umedecidos. (Mas é difícil errar aqui.)

Coloque a tampa no lugar e asse a abóbora por cerca de 2 horas – verifique após 90 minutos – ou até que tudo dentro da abóbora esteja borbulhando e a polpa da abóbora esteja macia o suficiente para ser perfurada facilmente com a ponta de uma faca. Como a abóbora vai ter exsudado líquido, gosto de tirar a tampa nos últimos 20 minutos ou mais, para que o líquido asse e a parte superior do recheio doure um pouco.

Quando a abóbora estiver pronta, com muito cuidado - é pesada, quente e instável - leve-a para a mesa ou transfira-a para uma travessa que você levará para a mesa.

FAZ 2 PORÇÕES MUITO GENEROSAS OU MAIS 4 PORÇÕES DELICADAS

SERVINDO
Você tem opções: pode cortar fatias de abóbora e recheio; você pode colher porções do recheio, certificando-se de colocar uma quantidade generosa de abóbora na colher; ou você pode cavar a abóbora com uma colher grande, colocar a carne da abóbora no recheio e misturar tudo. Sou fã da opção pull-and-mix. Servida em porções fartas seguida de salada, a abóbora é um prato principal perfeito para o frio; servido em colheradas ou fatias generosas, fica bem junto com o peru do Dia de Ação de Graças.

ARMAZENAMENTO
É realmente melhor comê-lo assim que estiver pronto. No entanto, se sobrar, você pode retirá-las da abóbora, misturá-las, cobri-las e resfriá-las; reaqueça-os no dia seguinte.

BONNE IDÉE
Há muitas maneiras de variar esse projeto de artes e ofícios. Em vez de pão, enchi a abóbora com arroz cozido - quando assado, fica quase como um risoto. E, tanto com pão quanto com arroz, em diversas ocasiões acrescentei espinafre cozido, couve, acelga ou ervilha (as

ervilhas vieram direto do freezer). Já fiz sem bacon, e também fiz e adorei, adorei, adorei com linguiça cozida; cubos de presunto são outra boa ideia. As nozes são um ótimo complemento, assim como pedaços de maçã ou pêra ou pedaços de castanha.

Lentilhas Francesas: Uma Receita Básica

AS MELHORES LENTILHAS FRANCESAS, chamadas lentilhas du Puy, parecem membros de um ramo totalmente diferente da família que nos dá as coloridas lentilhas verdes claras, amarelas e laranja, tão vitais para a culinária indiana. Na verdade, eles receberam o status AOC (denominação de origem controlada), a garantia do governo francês de que o produto é exclusivo da área em que é cultivado, neste caso, uma seção de Auvergne, no centro da França. As lentilhas são pequenas, ligeiramente ovais, lindamente finas nas bordas, elegantemente arredondadas no centro, lisas como pedras de rio e, dependendo de como você as olha, verdes escuras ou cinza ardósia.

As lentilhas cozinham rapidamente e ficam macias, não moles. Eles não precisam ser encharcados, mas descobri que você obtém o sabor mais limpo quando ferve-os por alguns minutos e depois enxagua-os antes de cozinhá-los de verdade. E embora as lentilhas possam ser fervidas em água, elas desenvolvem um sabor ainda mais profundo quando são cozidas em caldo.

Esta é uma receita básica. Quando as lentilhas estiverem macias, você pode servi-las como acompanhamento direto da panela, talvez com apenas um fiozinho de azeite - o azeite é uma boa escolha, mas os óleos de nozes, como nozes ou avelãs, acentuam o caráter terroso das lentilhas - e talvez um pouco de vinagre ou suco de limão. (Como as lentilhas têm um sabor tão profundo e forte, elas combinam perfeitamente com ingredientes mais brilhantes, picantes e ácidos.) Ou você pode temperá-las com um vinagrete e servi-las como acompanhamento ou salada. As saladas de lentilha ficam bem quentes ou em temperatura ambiente, mas não importa a temperatura, deve-se temperá-las quando estiverem quentes, pois é quando absorvem melhor o vinagrete. Para receitas de salada de lentilha, veja Bonne Idée e[>].

1   xícara de lentilhas verdes francesas (lentilhas du Puy)
1   dente de alho

1	cebola pequena
1	cenoura média, aparada, descascada e cortada em 4–6 pedaços
1	talo de aipo, aparado, descascado e cortado em 4–6 pedaços
1	dente de alho, esmagado, descascado e germe removido
1	folha de louro
3½	xícaras de caldo de galinha, caldo de legumes ou água

Sal e pimenta moída na hora

1	colher de sopa de conhaque ou outro conhaque (opcional)
1	chalota, picada finamente, enxaguada e seca (opcional)

Coloque as lentilhas em uma peneira e retire-as, descartando quaisquer pedaços de pedra que possam ter escapado dos empacotadores; enxágue em água fria corrente.

Coloque as lentilhas em uma panela média, cubra com água fria, leve para ferver e cozinhe por 2 minutos; derrame as lentilhas na peneira. Escorra, enxágue as lentilhas novamente e enxágue a panela.

Pressione o dente na cebola e coloque a cebola, a cenoura, o aipo, o alho e o louro na panela. Despeje o caldo ou água, junte as lentilhas e deixe ferver. Abaixe o fogo para ferver constante e cozinhe por 25 a 30 minutos ou até que as lentilhas estejam quase macias. Enquanto as lentilhas cozinham, retire os sólidos que sobem ao topo e mexa conforme necessário. Tempere com sal e pimenta e cozinhe até as lentilhas ficarem macias, mais 5 a 10 minutos, depois despeje o conhaque, se for usar. Mexa bem tudo e leve ao fogo mais um minuto.

Escorra as lentilhas, reservando o líquido do cozimento se quiser reaquecê-las. Retire os legumes e descarte-os todos ou descarte o cravo e o louro e pique finamente os legumes, que ficarão macios mas saborosos; misture os vegetais de volta às lentilhas, se for usá-los. Junte a chalota, se quiser (acho que acrescenta muito à mistura).

As lentilhas já estão prontas para serem servidas, ou reservadas e reaquecidas em fogo baixo no líquido que você reservou, ou utilizadas em outras receitas.

FAZ 4 PORÇÕES

Lentilhas quentes são um ótimo acompanhamento - ficam particularmente boas com salmão ou simplesmente peitos de frango salteados ou grelhados (ver Bonne Idée,[>]). Resfriados e misturados com vinagrete, fazem uma salada muito boa (ver Bonne Idée).

ARMAZENAMENTO
Depois de resfriadas, as lentilhas e seu líquido podem ser embalados hermeticamente e mantidos refrigerados por até 3 dias. Aqueça em uma panela tampada em fogo brando.

BONNE IDÉE
Salada De Lentilha Clássica. Enquanto as lentilhas cozinham, faça um vinagrete agitando ou misturando 1 colher de chá de mostarda Dijon, 1 colher de sopa de vinagre de xerez, 2 colheres de sopa de óleo de nozes ou avelã, 1 colher de sopa de azeite extra-virgem e sal e pimenta moída na hora a gosto. Junte as lentilhas enquanto ainda estão quentes. Se desejar, finalize a salada com uma quantidade generosa de salsa fresca picada. Outras boas adições incluem pedaços de bacon; vegetais em cubos finos – crus, levemente cozidos no vapor ou salteados rapidamente; queijo – o queijo de cabra, macio ou quebradiço, é particularmente bom; e iogurte, especialmente um iogurte grego espesso.

OUTRA BONNE IDÉE
Bacon é natural com lentilhas. Misture pequenos pedaços de bacon cozido em lentilhas quentes ou, se estiver fazendo uma salada, use um pouco da gordura do bacon para substituir um pouco do óleo do vinagrete.

Massa elegante "Risoto"

NA VERDADE, ESTE É UM RISOTTO da mesma forma que maçãs
em fatias finas são um carpaccio, o que significa que não, mas hoje em
dia a definição de um prato - especialmente aquele que não é
originário da França - é muitas vezes aplicada de forma solta e com um
traço de licença poética. Este falso risoto (na verdade é macarrão
misturado com queijo) é simples e rápido de fazer, mas chique o
suficiente para ser servido em jantares chiques.

Tal como acontece com tantos pratos franceses, a preferência dos
nativos é fazer o caldo de galinha com cubos de caldo. Claro que se
você tiver caldo caseiro deve usar, mas se não tiver estoque opte pelos
cubos; eles estão bem neste prato.

2	colheres de sopa de manteiga sem sal
1	cebola pequena, finamente picada
	Sal e pimenta moída na hora
3¾	xícaras de caldo de galinha ou 3¾ xícaras de água e 2 cubos de caldo de galinha
1⅓	xícaras de tubetti (minha preferência) ou macarrão de cotovelo (tradicional)
½	xícara de creme de leite
½	xícara de parmesão ralado na hora
3½	colheres de sopa de mascarpone

Derreta a manteiga em uma frigideira grande ou panela em fogo
médio-baixo. Junte a cebola, tempere com sal e pimenta e cozinhe,
mexendo, até ficar macia e translúcida, cerca de 10 minutos. (Ou, se
quiser, cozinhe a cebola até dourar.) Despeje o caldo de galinha ou
água e leve para ferver; se você estiver usando cubos de caldo de
carne, coloque-os agora e mexa para dissolver. Adicione o macarrão,
mexa e deixe cozinhar em fogo brando até absorver quase todo o
caldo, 20 a 25 minutos. (Deve haver apenas ¼ polegada ou menos de
líquido borbulhando no fundo da panela.)

Despeje o creme de leite e deixe ferver por cerca de 3 minutos,
até engrossar um pouco. Junte o parmesão e o mascarpone, cozinhe
por 1 minuto e experimente o sal e a pimenta (deve ser bem

apimentado). Retire a panela do fogo, tampe e deixe descansar por 3 minutos antes de servir.

FAZ 4 PORÇÕES DE ACOMPANHAMENTO OU INICIAL

SERVINDO

Você certamente pode servir isso como acompanhamento para um assado de quase qualquer tipo, incluindo frango - pense nisso como um macarrão com queijo chique - mas é elegante o suficiente para ser servido sozinho como entrada. Pode ser servido puro ou com salsinha ou um pouco mais de parmesão; claro, se você tiver algumas trufas para ralar em cada porção. . .

ARMAZENAMENTO

Deve ser comido assim que você descobrir a frigideira e terminar na hora.

BONNE IDÉE

Cerca de 30 minutos antes de começar a massa, leve o creme de leite - mais outras 2 colheres de sopa - para ferver em uma panela e coloque alguns cogumelos secos, tomilho ou alecrim fresco picado, cascas de trufas pretas ou até mesmo uma colher ou duas de preto esmagado. Pimenta. Desligue o fogo, tampe a panela e deixe o creme em infusão por 20 minutos ou mais. Coe o creme antes de colocar na forma de macarrão (verifique a quantidade - se não tiver ½ xícara, cubra) e prossiga com a receita.

OUTRA BONNE IDÉE

Risoto de Macarrão da Sophie-Charlotte.
Quando minha amiga Sophie-Charlotte Guitter me deu esta receita, ela me disse que era uma receita que seus filhos adoravam. Aqueça 2 colheres de sopa de azeite em uma frigideira grande ou panela, adicione 1 cebola picadinha e cozinhe até ficar macia. Adicione 1½ xícara de macarrão de cotovelo e mexa para cobrir com o azeite e a cebola. Despeje cerca de 3½ xícaras de caldo de carne (ou frango ou

vegetais) e deixe ferver. Tampe a panela, abaixe o fogo para que o líquido ferva e cozinhe até o macarrão ficar pronto, cerca de 15 minutos. (Verifique enquanto o macarrão cozinha para ver se você precisa adicionar um pouco mais de caldo; você pode precisar de até ½ xícara a mais.) Junte 2 colheres de sopa de manteiga cortada em pedaços e polvilhe com cerca de ½ xícara de parmesão ralado na hora. Tempere com sal e pimenta moída na hora. Sophie-Charlotte diz que para variar a receita, você pode colocar algumas colheres de sopa de vinho branco na panela quando a cebola estiver cozida e ferver antes de adicionar o macarrão, ou adicionar bacon cozido, cogumelos ou alho-poró.

Linguine do Mendigo

Eu teria adorado este prato na primeira vez que o comi, não importa o que acontecesse. O fato de eu ter provado quando estava com frio, com o jet lag e com fome aumentou seu apelo inicial - era a comida reconfortante perfeita para aquele momento. No entanto, já fiz isso muitas vezes desde então e nunca deixou de me fazer feliz. O prato vem do La Ferrandaise, o bistrô na esquina do nosso apartamento, e o comi pela primeira vez quando minha amiga Hélène Samuel e eu entramos e quase imploramos por uma mesa, já que faltavam trinta segundos para a cozinha fechar. . Sempre gentil, o proprietário nos sentou, sugeriu alguns pratos e nos serviu taças de vinho para nos receber e nos aquecer. Olhando para trás, parece natural que, depois de implorar por uma refeição, o nosso primeiro prato tenha sido o linguine mendiant.

*Mendiante*pode ser traduzido como mendigo, mas na verdade a palavra é usada com mais frequência para descrever um delicioso bombom, um disco de chocolate coberto com nozes e frutas secas, às vezes acentuado com raspas de laranja cristalizadas. As frutas e nozes dos doces foram originalmente escolhidas para representar as quatro ordens monásticas mendicantes: figos secos para os franciscanos, passas para os dominicanos, avelãs para os agostinianos e amêndoas para os carmelitas. Embora você possa encontrar essa combinação hoje, também encontrará mendiantes com pistache ou nozes, damascos secos ou raspas de limão, ou qualquer fruta que o chocolateiro preferir.

Qualquer um pode imaginar como ficaria boa a mistura com chocolate, mas é preciso uma mente culinária muito criativa para imaginar a mistura como um prato saboroso, e foi exatamente isso que o chef fez quando misturou macarrão com manteiga dourada, amêndoas picadas, pistache, passas. , figos secos cortados, parmesão ralado e uma pitada de raspas de laranja. Se eu não soubesse a origem do prato, teria pensado que o nome significava que as pessoas imploravam para comê-lo com frequência.

1   caixa (14–16 onças) de linguine
12 colheres de sopa (1½ palitos) de manteiga sem sal

⅓ xícara de pistache sem casca, picado grosseiramente

⅓ xícara de amêndoas picadas grosseiramente

8 Figos Mission secos e carnudos ou 3 figos Kadota secos, finamente picados

¼ xícara de passas gordas e úmidas (passas douradas são boas)

Sal e pimenta moída na hora

½ xícara de parmesão ralado na hora (ou mais ou menos a gosto)

Raspas de ½ laranja (ou mais a gosto)

Cebolinha fresca picada e/ou salsa, para servir (opcional)

Cozinhe o linguine de acordo com as instruções da embalagem; escorra bem.

Enquanto isso, cerca de 5 minutos antes de o macarrão estar pronto, derreta a manteiga em uma frigideira grande ou caçarola em fogo médio. (Você vai colocar o macarrão nesta panela, então certifique-se de que seja grande o suficiente.) Quando a manteiga derreter e dourar, acrescente as nozes, os figos e as passas. Deixe a manteiga borbulhar e ferver - você quer que ela cozinhe até ficar com um lindo marrom claro ou que se transforme em beurre noisette, manteiga com cor e fragrância de avelã.

Quando a manteiga atingir a cor desejada, acrescente o macarrão e mexa na manteiga para cobri-lo uniformemente e emaranhá-lo com os pedaços de frutas e nozes; tempere com sal e uma quantidade generosa de pimenta.

Transfira o macarrão para uma tigela e adicione o queijo ralado. Misture e vire o macarrão para incorporar o queijo e, em seguida, polvilhe o topo com as raspas de laranja e a cebolinha e/ou salsa, se for usar. Prove e adicione mais queijo e/ou raspas, se desejar.

Leve o macarrão para a mesa imediatamente e, pouco antes de preparar a primeira porção, misture mais uma vez para misturar as raspas e as ervas (opcional).

FAZ DE 6 A 8 PORÇÕES INICIAIS OU 4 PORÇÕES PRINCIPAIS

SERVINDO

Essa massa é tão boa - e tão surpreendente - que deveria ser servida como prato próprio, seja primeiro, médio (como diriam os italianos) ou principal.

ARMAZENAMENTO

Este não é um prato que pode ser reaquecido, e não é uma massa que pode ser servida fria, então coma!

Spaetzle salpicado de ervas

A FRANÇA NÃO É UM PAÍS DE MASSAS, mas o spaetzle, uma massa em borracha do tamanho de um bebê, vem da Alsácia, e a Alsácia não é o ramo principal da árvore genealógica francesa. Ocupando uma longa faixa do leste da França e compartilhando sua extensa fronteira com a Alemanha, a Alsácia foi passada de um lado para o outro entre os dois países até meados do século passado, e você pode saborear essa oscilação de lealdade na robusta alimentação da região. . Você também pode ver isso nos nomes de muitos pratos - só de olhar para a palavra spaetzle, você sabe que não é francês puro.

A massa de ovo para spaetzle é rapidamente misturada à mão e moldada e cozida empurrando-a através dos orifícios grossos de um ralador, uma escumadeira ou uma peneira (ou um fabricante de spaetzle especial) em uma panela com água fervente, um processo isso pode ser um pouco confuso.

Por ser simples, assim como a massa é simples, o spaetzle é versátil: pode ser servido na sopa, como bolinhos, ou misturado com um pouco de manteiga e servido como acompanhamento. Também pode ser misturado com outros ingredientes – uma tentação à qual raramente resisto. Aqui salpiquei a massa com ervas e dei um toque a mais ao prato adicionando cogumelos e cebola e cozinhando tudo em um pouco de caldo de galinha. É uma massa com sabor suficiente para acompanhar qualquer prato principal, até mesmo um daube de carne profundo, escuro e com vinho ([>]).

2¼ Xícaras de farinha de trigo

Sal e pimenta branca moída na hora

⅛ colher de chá de noz-moscada ralada na hora
¾ xícara de leite integral
3 ovos grandes
colheres de sopa de ervas frescas misturadas finamente
3 picadas (minha combinação favorita são as folhas de 4 raminhos de salsa, 4 raminhos de tomilho, 2 raminhos pequenos de alecrim e 10 cebolinhas) ou salsa
4 colheres de sopa (½ palito) de manteiga sem sal
2 colheres de sopa de azeite extra-virgem

½ libra cogumelos brancos, limpos, aparados e em fatias finas
1 cebola picada
¾-1 xícara de caldo de galinha

Em uma tigela grande, misture a farinha, 1 colher de chá de sal, ¼ colher de chá de pimenta branca e a noz-moscada. Em um copo medidor grande, misture o leite e os ovos. Despeje lentamente os ingredientes líquidos sobre os ingredientes secos, mexendo com uma espátula ou colher de madeira. Continue mexendo até obter uma massa macia, pegajosa, grossa, mas úmida. Junte 1½ colher de sopa de ervas.

Prepare uma tigela grande com manteiga.

Leve uma panela grande com água salgada para ferver. Usando uma máquina de spaetzle, os orifícios grandes de uma caixa ou ralador plano (mais fácil), uma escumadeira grande ou uma peneira, empurre pequenos lotes de massa através dos orifícios para a água. Mexa, deixe o spaetzle flutuar na superfície e ferva por cerca de 2 minutos. Retire o spaetzle com uma escumadeira ou escumadeira e coloque na tigela untada com manteiga. Repita até que toda a massa seja usada. (O spaetzle pode ser resfriado e mantido coberto em temperatura ambiente por algumas horas ou refrigerado durante a noite.)

Na hora de servir, aqueça 2 colheres de sopa de manteiga e 1 colher de sopa de azeite em uma frigideira grande em fogo médio. Adicione os cogumelos, tempere com sal e pimenta branca e cozinhe, mexendo, até amolecerem, cerca de 5 minutos. Adicione a cebola, tempere e cozinhe até amolecer, cerca de mais 5 minutos. Adicione as 2 colheres de sopa restantes de manteiga e 1 colher de sopa de óleo e misture no spaetzle. Cozinhe, mexendo, até que o spaetzle esteja bem aquecido e comece a dourar, 5 a 10 minutos.

Despeje ¾ xícara de caldo de galinha sobre o spaetzle e cozinhe até quase evaporar. Se você acha que gostaria que o spaeztle ficasse mais macio e ainda úmido, adicione ¼ xícara a mais de caldo e cozinhe. Prove o sal e a pimenta, junte 1 ½ colher de sopa de ervas restantes e sirva imediatamente.

FAZ 4 PORÇÕES DE ACOMPANHAMENTO OU 2 PORÇÕES DE PRATO PRINCIPAL

SERVINDO

Não há muita coisa que não seja boa com o spaetzle, desde delicados filés de peixe salteados até bife grelhado. Às vezes faço do spaetzle o prato principal de um jantar leve ou de um almoço, coberto com algumas fatias de bacon bem cozido esfarelado e servido com salada verde e um pedaço de queijo.

ARMAZENAMENTO

O spaetzle recém fervido pode ser resfriado à temperatura ambiente, bem coberto e refrigerado durante a noite. Embora o spaetzle fique melhor logo depois de cozido com o caldo, as sobras podem ser refrigeradas e reaquecidas no dia seguinte. Obtive os melhores resultados borrifando o spaetzle com um pouco de água e reaquecendo-o, coberto, em banho-maria ou cobrindo-o e deixando-o alguns minutos no forno de micro-ondas - o tempo que você precisará para trazer A temperatura vai depender de quanto spaetzle sobrou.

Nhoque à La Parisienne

ESTA RECEITA VEM DA MINHA AMIGA DE LONGA VEZ Paule
Caillat, que me entregou com uma história. Parece que quando Paule, a
parisiense por trás das visitas ao mercado e das aulas de culinária do
Promenades Gourmandes, estava se casando, a família de seu marido
queria ter certeza de que ela estaria pronta para cozinhar o tipo de
comida que ele gostava, e então eles passaram suas receitas de família.
junto com ela. Entre os vários que recebeu está este, que lhe foi
ensinado por Tante Léo, para um prato definitivamente parisiense, mas
que não contém nada do que conhecemos como nhoque. No lugar dos
bolinhos de batata está o pâte à choux, ou massa folhada cremosa, que
é escalfada do mesmo jeito que o nhoque e depois assada sob uma
manta de bechamel cremoso. É, como Paule me disse, um prato de
recheio do tipo reconfortante, melhor servido no inverno.

Sob o título da receita, Paule escreveu, "um clássico da família
Caillat", mas meu palpite é que o nhoque à la Parisienne deve ter
chegado à categoria clássica em outras famílias francesas, já que a
receita de Paule veio originalmente do Le Cordon Bleu. Foi lá, antes
da Segunda Guerra Mundial, que Tante Léo aprendeu isso enquanto se
preparava para se tornar uma cuisinière en maison burguese, uma
cozinheira numa casa burguesa.

Paule me deu essa receita uma tarde durante o almoço e, enquanto
falava sobre ela, anotou para mim. Seus pequenos trucs, ou truques do
comércio, estão incluídos nesta versão.

Uma palavra sobre o momento certo: se você não vai descansar a
massa por algumas horas, talvez queira fazer primeiro o molho
bechamel.

PARA A MASSA DE NHOCCHI

1¼ copos de água

7   colheres de sopa de manteiga sem sal, cortada em
    pedaços pequenos

½   colher de chá de sal

1¼ Xícaras de farinha de trigo

4   ovos grandes, em temperatura ambiente

PARA O BÉCHAMEL

2   xícaras de leite integral
2½ colheres de sopa de manteiga sem sal
6   colheres de sopa de farinha de trigo

Sal e pimenta moída na hora

Noz moscada recém ralada

2   colheres de sopa de parmesão ralado na hora (adição de Paule)
     Cerca de ¾ xícara de queijo ralado (Paule usa uma mistura de parmesão e comté aqui, embora originalmente o queijo fosse Gruyère ou Emmenthal)
2   colheres de sopa de manteiga sem sal, cortada em pedaços

PARA FAZER A MASSA DE NHOCCHI: Leve a água, a manteiga e o sal para ferver em uma panela média. Adicione a farinha de uma só vez e, assim que a água começar a ferver novamente, retire a panela do fogo, mesmo que a manteiga não tenha derretido.

Com uma colher de pau, mexa tudo bem e leve a panela novamente ao fogo médio. Continue mexendo vigorosamente e constantemente até obter uma massa que forme uma bola e deixe uma leve película no fundo da panela, cerca de 2 minutos.

Transfira a massa para uma tigela ou tigela grande da batedeira e, com uma colher de pau ou batedeira (de mão ou de pé), acrescente os ovos, um de cada vez. Certifique-se de que cada ovo esteja totalmente incorporado antes de adicionar o próximo. (Paule conta que Tante Léo misturava 3 ovos e a gema do quarto, depois batia a clara até formar picos e incorporava na massa para deixar o nhoque ainda mais leve.)

Você pode fazer o nhoque agora (veja abaixo), ou pode fazer como Tante Léo fazia: cobrir a massa com um pano de prato e deixar descansar em temperatura ambiente por até 2 horas.*(Como alternativa, você pode formar o nhoque, colocá-lo em uma assadeira forrada e congelá-lo; depois, quando estiver sólido, embale-o em um recipiente hermético e congele por até 2 meses.)*

PARA FAZER O BÉCHAMEL: Coloque o leite em uma panela média em fogo médio-baixo e aqueça até ferver. Você quer escaldar o leite, o que significa que pequenas bolhas se formarão nas bordas da panela, mas o leite não deve ferver.

Enquanto isso, em uma panela de fundo médio, derreta a manteiga em fogo médio-baixo. Pegue uma colher de pau, coloque a farinha na panela e cozinhe por 2 minutos, mexendo sempre para que a farinha absorva a manteiga, mas não doure. (Você está fazendo um roux e cozinhando a farinha para tirar o sabor cru.) Junte o leite quente e, mexendo sempre sem parar, aumente o fogo para médio e leve para ferver. Tempere com sal, pimenta e uma pitada de noz moscada. Reduza o fogo e cozinhe, mexendo, por mais 3 minutos. Retire a panela do fogo, raspe o molho em uma tigela e pressione um pedaço de filme plástico contra a superfície para evitar a formação de película.

PARA COZINHAR E ASSAR O NHOCCHI: Centralize uma gradinha no forno e pré-aqueça o forno a 350 graus F. Unte com manteiga uma forma de torta funda de 23 cm (uma forma de pirex é perfeita) e polvilhe com 2 colheres de sopa de parmesão. Leve uma panela grande com água salgada para ferver e abaixe o fogo para que a água ferva.

Coloque colheres de chá da massa na água e, quando as bolinhas subirem à superfície, deixe-as flutuar por um minuto antes de retirá-las da água com uma escumadeira e escorrer sobre um pano de prato ou uma camada dupla de papel toalha. Faça isso em lotes – você não quer lotar a panela ou baixar muito ou muito rápido a temperatura da água.

Coloque uma fina camada de bechamel no fundo da forma de torta. Coloque o nhoque na frigideira e regue com o bechamel restante. Cubra o bechamel uniformemente com 34 xícaras de queijo e salpique com a manteiga.

Coloque a assadeira no forno e leve ao forno por 10 minutos. Aumente a temperatura do forno para 400 graus F e leve ao forno por mais 10 a 15 minutos ou até que o bechamel esteja borbulhante e dourado. Se o molho estiver borbulhando, mas o queijo não estiver tão dourado quanto você gostaria, coloque o prato na grelha.

FAZ 6 PORÇÕES DE PRATO PRINCIPAL

Nhoque à la Parisienne é um prato que não espera. Assim que sair do forno, deverá ir direto para a mesa. Assim como o macarrão com queijo, isso só precisa de um grande apetite.

ARMAZENAMENTO
Você pode preparar o molho bechamel e a massa para o nhoque com antecedência (você pode congelar o nhoque moldado por até 2 meses - embale-os hermeticamente depois de congelados e ferva sem descongelar). Depois que o prato estiver assado, porém, ele deve ser comido imediatamente e na íntegra - as sobras não duram.

Storzapretis *(também conhecido como espinafre da Córsega e nhoque de hortelã)*

TECNICAMENTE A CÓRSEGA É CONSIDERADA uma região da França, como a Normandia ou a Bretanha, mas quando se trata de culinária, pode muito bem ter o status de nação desonesta. A ilha, flutuando no Mediterrâneo e separada da Sardenha italiana por uma ponta de água da largura de um fio de fettuccine, é habitada por pessoas que têm a sua própria maneira de cozinhar e o seu próprio dialecto para descrevê-la e tudo o resto, o que explica por que quando Laetitia Ghipponi, o espírito alegre que ajuda a tornar o Bistrot Paul Bert um lugar tão notável, me disse que me enviaria a receita de les storzapretis de seu pai, eu não tinha a menor ideia do que ela estava falando. Foi só depois de um rápido estudo da lista de ingredientes e das instruções que percebi que o que Laetitia e seu pai fazem é o parente mais próximo que consigo imaginar do nhoque de ricota.

Na Córsega, em vez da ricota, o storzapretis era feito com brocciu, o queijo fresco de leite de ovelha da ilha. Se você puder encontrá-lo - às vezes está disponível em lojas de queijos muito boas nos Estados Unidos - use-o; caso contrário, escolha uma ricota grossa com leite integral ou deixe-a escorrer em uma peneira forrada com pano de queijo por algumas horas antes de usá-la.

Os storzapretis de Laetitia são salpicados com espinafre picado, acentuados com hortelã fresca (minha escolha habitual) ou manjerona, ambas nativas das encostas da Córsega, e depois assados sob uma leve camada de molho de tomate e queijo ralado. Podem ser servidos como entrada ou prato principal; é uma questão de quão grande você faz as porções.

10	onças de espinafre, aparado
1	libra de ricota com leite integral ou brócolis fresco, se você conseguir
1	ovo grande
5	onças de queijo, como Gruyère ou Emmenthal ou uma combinação de Gruyère e parmesão ralado (cerca de 1¼ xícara)

| 1 | cacho de hortelã ou manjerona, apenas folhas, picadas finamente (cerca de 1 xícara) |
| 2 | colheres de sopa de farinha de trigo e mais para modelar |

Sal e pimenta moída na hora

Azeite

| 1½ | xícaras de molho de tomate (você pode usar um molho marinara engarrafado de boa qualidade) |

Lave o espinafre em várias mudas de água fria - o espinafre fresco pode ser arenoso - e quando estiver limpo, jogue-o em uma panela grande, com a água ainda grudada nas folhas. Coloque a panela em fogo médio-baixo, tampe e cozinhe o espinafre, virando sempre, até ficar macio, cerca de 5 minutos. Transforme o espinafre em uma peneira e sacuda o máximo de água possível.

Quando o espinafre estiver frio o suficiente para ser manuseado, pressione o restante da água (ou o máximo que puder) espremendo pequenos cachos de espinafre entre as palmas das mãos ou torcendo-os em um pano de prato. Pique o espinafre grosseiramente, jogue-o em uma tigela e use os dedos para separar os torrões de espinafre da melhor maneira possível.

Com uma espátula de borracha resistente ou uma colher de pau, bata a ricota ou o brócolis no espinafre, seguido do ovo. Junte metade do queijo ralado e a hortelã ou manjerona, polvilhe com a farinha, tempere com sal e pimenta e misture. Você terá uma mistura macia e maleável.

Forre uma assadeira ou bandeja que caiba na geladeira ou no freezer com filme plástico. Faça um monte com cerca de ¼ xícara de farinha na superfície de trabalho.

Trabalhando com duas colheres de sopa, pegue uma colher de sopa da mistura de queijo com uma colher e depois raspe a mistura de uma colher para outra até formar uma quenelle coesa. Coloque a quenelle no monte de farinha, cubra com farinha e mexa delicadamente de mão em mão para sacudir o excesso. Depois de trabalhar a mistura dessa maneira, sua quenelle provavelmente parecerá uma bala grande e ligeiramente disforme, e tudo bem. Coloque a pepita na assadeira forrada e continue até usar toda a massa;

você terá cerca de 3 dúzias de storzapretis. Refrigere ou congele os storzapretis por cerca de 30 minutos, só para firmá-los um pouco. (Quando estiverem firmes, você pode cobri-los e refrigerá-los durante a noite ou congelá-los, embalados hermeticamente, por até 2 meses.)

Centralize uma gradinha no forno e pré-aqueça o forno a 425 graus F. Unte levemente com óleo uma assadeira de 7 x 11 polegadas ou 9 x 13 polegadas (vidro, porcelana ou cerâmica, pois o molho de tomate pode reagir com uma panela de metal).

Leve uma panela grande com água salgada para ferver e coloque uma tigela grande com gelo e água fria por perto.

Retire o storzapretis da geladeira ou freezer. Abaixe o fogo sob a panela para que a água ferva e coloque cuidadosamente um pouco de storzapretis na panela - não encha a panela; os storzapretis precisam de espaço para flutuar (pense em cozinhar cerca de 8 de cada vez se a sua panela for grande). As pepitas irão afundar no fundo da panela e depois saltar para o topo. Depois disso, deixe-os balançar suavemente na panela por 5 minutos, depois retire-os da água fervente com uma escumadeira ou escumadeira e coloque-os na água gelada para esfriar rapidamente. Continue caçando furtivamente e resfriando o resto.

Escorra os storzapretis, seque-os entre folhas de papel toalha - cuidado, são macios e frágeis - e arrume-os na assadeira untada com óleo. Despeje o molho de tomate sobre o storzapretis, cubra com o queijo ralado restante e leve a assadeira ao forno.

Asse por cerca de 15 minutos, até que o molho esteja borbulhando, o queijo derretido e o storzapretis bem aquecido. Sirva imediatamente.

FAZ 6 PORÇÕES DE ACOMPANHAMENTO OU INICIAL OU 4 PORÇÕES DE PRATO PRINCIPAL

SERVINDO
Gosto de servi-los como primeiro prato sozinhos, mas certamente podem ser um acompanhamento ou prato principal, caso em que acho que ficam ótimos com uma grande salada de folhas verdes.

ARMAZENAMENTO

Depois de formado, o storzapretis pode ser refrigerado durante a noite.
Também podem ser congelados; quando estiverem sólidos, transfira
para um recipiente hermético e guarde no freezer por até 2 meses.
Quando estiver pronto para cozinhá-los, coloque-os em água fervente
com sal sem descongelar - basta ajustar o tempo de cozimento
conforme necessário.